JN409764

100대 한글 문화유산 —8
(재)한국어세계화재단

국문연구의정안

한동완 지음

신구문화사

발간사

21세기는 흔히 정보화시대, 인터넷시대라고 합니다. 정보와 인터넷은 빨라야 한다는 점에서 공통점이 있습니다. 이러한 시대 상황에 따라 사회가 점점 더 빠르게 변화하고 또 이처럼 빠르게 변화하는 세태를 반영하듯 새로운 신조어들도 예전에 비해 많이 만들어지고 있습니다. 이러한 분위기에서 요즘은 국어의 역사에 대한 관심이 덜해지는 것 같습니다. 그러나 국어는 우리 민족의 근간이고, 한국문화의 기초이며, 역사의 전승 도구라는 점에서 관심을 새롭게 해야 한다고 생각합니다.

문화관광부에서는 2002년에 학계 및 관계 기관으로부터 한글 문화유산 목록을 추천 받아 그 중에서 주요한 한글 문화유산 100종을 '100대 한글 문화유산'으로 선정하였습니다. 한국어세계화재단에서는 2003년부터 문화관광부로부터 국고보조금을 지원 받아 '100대 한글 문화유산'을 일반인들이 이해하기 쉽도록 해설하는 사업을 해왔습니다. 선정된 자료들은 주로 문자·언어, 유학서, 종교서, 역학서, 기술서, 문학서, 생활사 자료 등 영역별로 중요하다고 선정된 서적들입니다. 이 선정된 자료들을 영구히 보존하기 위하여 우선 디지털화하고 해당 분야 전문가들에게 위촉하여 역주와 해설하는 작업을 해왔습니다. 이제 그 사업의 결과가 책자로도 출판되어 나오게 되었습니다. 따라서 독자들은 온라인으로도 원전을 보고, 역주와 해설을 볼 수 있으며, 인쇄된 책으로도 볼 수 있게 된 것입니다.

그동안 다른 기관들에서도 국어 고전 자료에 대한 많은 책자들을 발간한 바 있으나 일반인들이 쉽게 읽기가 어려운 경우가 많았습니다. 이번에

재단에서 출판하는 책자들은 국어 전공자가 아닌 일반인이나 중·고등학생들도 어려움 없이 읽을 수 있도록 쉽게 설명하고 해제하였습니다.

특히 이러한 책자들은 해외에도 적극적으로 보급하여 재외동포나 해외에서 한국어나 한국학에 관심을 가진 외국인들이 한국어를 이해하고 한국어에 더욱 높은 관심과 애정을 가질 수 있게 되기를 기대합니다. 특히 최근 한류로 하여 모처럼 일고 있는 한국에 대한 관심을 확산하고, 지속되도록 하기 위해서는 실제로 한국어를 학습하고, 한국학을 전공하겠다는 재외동포나 외국인이 많이 나와야 할 것입니다. "100대 한글 문화유산 정비사업"의 일환으로 이루어지는 이들 책자들이 안으로는 선조들이 남기신 소중한 문화유산을 후손들이 쉽게 접할 수 있도록 하고, 밖으로는 한국어의 세계화에도 기여하게 될 것이라 확신하며 이러한 사업에 기꺼이 뜻을 같이 하고 땀흘려주신 필자들에게 깊은 감사의 말씀을 드립니다.

재단에서는 앞으로도 국어 고전 자료뿐만 아니라 현대의 주요 국어 자료들도 세계화하기 위한 다양한 사업들을 계획할 것입니다. 아무쪼록 이러한 노력들이 앞으로 국내뿐만 아니라 해외에서도 한국어에 관심을 가질 수 있도록 하는 데 좋은 계기가 되기를 바랍니다. 마지막으로 이러한 사업을 할 수 있도록 지원해주신 문화관광부와 국립국어원에 감사드립니다.

2005년 4월 20일

한국어세계화재단 이사장 박영순

머리말

십 년 전쯤 남북 언어의 이질화 문제에 대한 토론회에서 토론자로 참석한 필자는 남북 언어의 이질화는 세인(世人)들이 우려하는 것만큼 심각하지 않다는 점을 강조한 바 있다. 그리고 소통이 단절된 분단 50여 년에도 불구하고 이처럼 동질성을 유지할 수 있게 된 결정적인 이유를 분단 이전인 1933년에 한글맞춤법통일안이 제정된 데서 찾을 수 있음을 지적하였다.

만약 분단 이전에 제정해 놓은 정서법이 없었다면, 남북이 갈라져서 체제 이데올로기의 무한 경쟁을 벌이는 상태에서 남한 정권과 북한 정권은 경쟁적으로 서로 다른 정서법을 제정했을 가능성이 높다. 그리고 만약 남북이 서로 다른 정서법을 50여 년 이상 시행해 왔다면, 남북 언어의 이질화 정도는 지금에 비해 훨씬 심화되었을 가능성을 부인하기 어렵다. 그러나 분단되기 이전에 제정된 한글맞춤법 통일안이 있었기에, 분단 이후 서로 이데올로기 경쟁을 벌이면서도 같은 정서법을 사용하는 데 있어 별 저항을 느끼지 않을 수 있었다고 볼 수 있다. 비록 분단 50여 년 동안 남과 북이 각각 한글맞춤법 통일안을 조금씩 변개해 왔지만, 그 기본 골격은 1933년 제정된 한글맞춤법 통일안에서 벗어난 게 거의 없다고 할 수 있다.

한글맞춤법 통일안의 가장 큰 특징 가운데 하나는 형태음소론적 표기법을 근간으로 하고 있다는 점이고, 한글맞춤법 통일안을 형태음소론적인 표기법으로 특징짓게 하는 결정적 요소는 모든 초성을 종성에 사용케

한 받침 규정에 있다고 할 수 있다. 그런데 여기서 소개하는 《국문연구의정안》은 국어정서법을 마련하기 위한 최초의 국가적 사업의 결실이라는 점에서도 의의가 높지만, 'ㄱ, ㄴ, ㄹ, ㅁ, ㅂ, ㅅ, ㅇ'의 일곱 자음만 받침으로 써 온 칠종성법의 관행을 깨고 모든 초성을 종성에 사용케 한 받침 규정을 최초로 의결하였다는 점에서 매우 의미심장한 의의를 부여받아 마땅하다.

형태음소론적 표기란 주시경 선생께서 소신을 갖고 열렬히 주장해 오던 것으로서, 어떤 낱말이 환경에 따라 다른 형태(주시경 선생의 용어로는 '임시의 음')로 나타나더라도 언제나 일정한 표기로 고정시켜야 하고, 그 고정은 본음(本音)에 따라야 한다는 것이다. 물론 이 주장이 역사적 근거로 삼은 종성부용초성(終聲復用初聲)은 받침 표기 규정이 아니었다는 문제점이 있다. 그러나 종성부용초성에 대한 잘못된 인식을 바탕으로 출발했다고 하더라도, 결과론적으로 볼 때 모든 초성을 종성에 다 쓸 수 있도록 한 받침 규정은 당시의 어문 관습에서 보면 실로 획기적인 개혁이라 할 수 있다. 이 규정은 이후 조선총독부가 1912년 공포한 《보통학교용언문철자법》에는 채택되지 않았으나, 1933년 조선어학회에서 제정한 《한글맞춤법 통일안》에 수용됨으로써, 현행 국어표기법이 형태음소론적 표기의 특징을 갖도록 하는 데에 결정적인 역할을 하게 된다.

《국문연구의정안》에 대한 해설과 역주를 하는 가운데서 느낀 감회가 많다. 무엇보다도 이 연구가 진행되고 결과가 나오기까지의 기간이 1907년 정미7조약에서 1910년의 국권침탈에 이르는 기간과 거의 그대로 일치한다는 사실에서 느낀 감회는 매우 크다. 국권 상실을 눈앞에 둔 시대적 불투명성과 암울함에도 불구하고, 국문연구소 위원들이 자신들의 소임을 완수하기 위해 혼신의 힘을 다하고 있음을 살필 수 있었기 때문이다. 실로 《국문연구의정안》은 혹한의 시련 속에서도 피어난 인동초(忍冬草)와 같은 존재라고 해도 무방하다.

아쉬운 점은 일본 동경대학교의 오구라 문고에 소장되어 있는《국문연구의정안》의 원본을 직접 대면하지 못한 채 1970년에 나온《개화기의 국문연구》의 부록 영인본으로 작업을 할 수밖에 없었다는 점이다. 앞으로 추진하고 싶은 일은《국문연구의정안》의 첨부 문서로서 4책 분량의 방대한《국문연구》에 대한 해설·역주 사업이다. 이를 통해 각 위원이 정서법과 관련하여 구체적으로 주장한 바는 물론이고 당대 학자들의 언어학 및 인문과학 전반에 대한 학문적 수준을 여실히 살펴볼 수 있을 것으로 기대된다.

부족한 이 글을 감수해 준 이화여대 박창원 선생님께, 한문 해석과 관련하여 자문을 해준 한국학중앙연구원 조융희 교수에게, 그리고 힘든 교열을 맡아준 서강대 남미정 선생에게 감사를 드린다. 특히 100대 한글 문화유산사업이라는 뜻깊은 일을 펼치시고, 역주의 기회를 마련해주신 한국어세계화재단의 박영순 이사장님께 감사를 드린다. 상업적이지도 않고 조판도 쉽지 않은 책을 출판에 흔쾌히 나선 신구문화사에도 감사를 표한다.

2006년 3월

한힌샘 선생의 집터 '용비어천家'에서

한 동 완 씀

차 례

발간사 ………………………………………………………………………… 3
머리말 ………………………………………………………………………… 5

제1장 서론 ………………………………………………………………… 11

제2장 국문연구소와 국문연구의정안 ………………………………… 15

제3장 국문연구의정안(필사본) 역주 및 해설 ……………………… 23

報告書 ………………………………………………………………………… 23
例言 …………………………………………………………………………… 37
一 國文의 淵源과 字體 及 發音의 沿革 ……………………………… 39
淵源 ………………………………………………………………………… 40
字體 ………………………………………………………………………… 51
發音 ………………………………………………………………………… 63
二 初聲中 ㆁ ㆆ ㅿ ◇ ㅱ ㅸ ㆄ ㅹ 八字의 復用 當否 ……………… 77
三 初聲의 ㄲ ㄸ ㅃ ㅆ ㅉ ㆅ 六字 幷書의 書法 一定 ……………… 83

四 中聲中 ·字 廢止 二字 刱製의 當否 ………… 88
五 終聲의 ㄷ ㅅ 二字 用法 及 ㅈ ㅊ ㅋ ㅌ ㅍ ㅎ 六字도 終聲에 通用 當否 ………… 93
六 字母의 七音과 淸濁의 區別 如何 ………… 99
七 四聲票의 用否 及 國語音의 高低法 ………… 105
八 字母의 音讀 一定 ………… 107
九 字順 行順의 一定 ………… 111
十 綴字法 字順 行順의 一定 ………… 116
의결록(議決錄) ………… 118
ㄱ ㄷ ㅂ ㅅ ㅈ 五字의 重音 書法 一定 ………… 145

제4장 국문연구의정안(등사본) 전문 및 현대어역 ………… 149

전문-원문 ………… 149
현대어역-전문 ………… 161

• 참고문헌 ………… 172
• 찾아보기 ………… 175

제1장 서론

이 연구는 문화관광부에서 2002년에 선정한 100대 한글 문화유산을 알기 쉽게 현대어로 번역하고 주석을 붙여 간행해 국내외에 널리 보급함으로써 현대 한국인에게 우리 문화에 대한 자긍심을 높이며, 우리 문화에 관심이 있는 외국인에게 한국문화와 사상을 이해시키는 데 기여할 목적으로 추진되고 있는 "100대 한글 문화유산 정비 사업"의 일환으로 이루어진 것으로서, 이 글의 대상은 《국문연구의정안(國文硏究議定案)》이다.

《국문연구의정안》은 대한제국 말기인 1907년 9월에 학부(學部) 안에 설치된 국문연구소(國文硏究所)에서 23회의 회의를 거쳐 1909년 12월 28일에 제출한 최종보고서의 성격을 갖는 글이다. 국문연구소가 설치된 1907년 7월은 시국적으로 볼 때 실로 격랑의 한 달이었다. 당시의 시국이 얼마나 복잡다단했는가는 7월 19일 헤이그밀사사건으로 일제로부터 협박을 받아 고종 황제가 퇴위하고 순종이 즉위하였으며, 순종 즉위 직후인 7월 24일에 '정미7조약(丁未七條約)'이 체결되고, 27일에는 언론을 탄압하기 위한 '신문지법(新聞紙法)', 이어서 29일에는 집회·결사를 금지하기 위한 '보안법'이 발표되는 한편, 31일에는 '군대해산령'이 내려져 대한제국이 무력화된 사실 등이 웅변으로 말해주고 있다.

이런 격랑의 와중에서 설치된 국문연구소 위원들이 내놓은 《국문연구의정안》을 살펴보면, 국권 상실을 목전에 둔 시대적 불투명성과 암울함에도 불구하고, 자신들의 소임을 완수하기 위해 혼신의 힘을 다하고 있음을 살필 수 있어 오늘날의 시점에서 뒤돌아볼 때 참으로 감개가 크다. 그들이 경주한 노력이 얼마나 큰가는 이 《국문연구의정안》에 따로 별첨된 《국문연구(國文硏究)》 하나만 보더라도 잘 알 수 있다.

《국문연구》는 1909년 3월 3일자 국문연구소 간사 이민응이 3월 16일 회의까지 최종연구안을 작성해 줄 것을 내용으로 하는 공문을 위원들에게 보내고, 이에 위원들이 작성하여 회의일에 제출한 것을 묶어놓은 최종연구안의 성격을 갖는다. 불과 10여 일의 여유밖에 없음에도 불구하고, 8명의 전체 위원들은 각자의 연구안을 직접 손으로 써서 제출했는데, 그 분량은 어윤적 90장, 이능화 82장, 주시경 104장, 권보상 24장, 송기용 21장, 지석영 15장, 이민응 7장, 윤돈구 11장 등에 달한다. 이 연구안들 가운데 어윤적・이능화・주시경의 연구안들은 각각 1책으로, 나머지 위원들의 연구안들은 함께 1책으로 묶여 모두 4책의 분량으로 《국문연구의정안》에 별첨되어 제출되었다.

《국문연구의정안》이라는 연구 결과를 낳은 국문연구소는 학부 안에 설치되었는데, 학부는 대한제국 때에 교육에 관한 일을 맡아보던 관청으로서, 고종 32년(1895)에 학무아문(學務衙門)을 고친 것이다. 이런 점에서 볼 때 《국문연구의정안》은 국어정서법을 마련하기 위한 국가적 사업의 결실이란 점에서 의의가 있으며, 비록 1910년 국권 상실로 인해 그 공포・시행에는 이르지 못했으나, 국문연구소의 위원 가운데 일부가 《보통학교용 언문철자법(普通學校用諺文綴字法)》(1912)을 제정하는 데 직접 참여하기도 하는 등, 국문연구소의 연구 결과가 현행 한글맞춤법에 직간접적으로 접맥된다는 큰 의의를 갖는다. 특히 현행 한글맞춤법이 형태음소론적 표기의 성격을 갖게 된 것은 다른 무엇보다도 모든 초성을 종성에 다 사용하는 받침 규정에 있다고 할 것인데, 이 규정은 《국문연구의정안》의 제5제에서 결정된, 모든 초성을 종성에 사용하게 한 받침 표기 규정에 힘입은 바가 매우 크다는 점에서 《국문연구의정안》이 현행 한글맞춤법의 형태음소론적 성격을 결정짓는 단초가 된 점을 부인할 수 없게 한다.

《국문연구의정안》과 국문연구소에 대한 종합적이며 면밀한 연구는 이기문(1972)의 업적이 있다. 이에 앞서 나온 김민수(1963)은 주목적이 《신정국문》에 관한 연구에 있지만, 이 연구업적에서 우리는 《국문연구의정안》과 국문연구소에 대한 중요한 고찰을 살펴볼 수 있다. 또한 이광호(1979)는 각 연구위원들의 의견이 《국문연구의정안》에 어떻게 반영되었는가를 제시하고 있으며, 신창순(2001)은 《국문연구의정안》의 내용들이 《한글맞춤법통일안》 제1장 '자모'의 범위 안에 드는 것을 밝히는 것을 주목적으로 하여 《국문연구의정안》을 살펴보고 있다. 개화기의 어문정책과 표기법 문제와 관련한 논의와 《국문연구의정안》의 의의에 대해서는 이병근(1986)이 좋은 참고가 되며, 이익섭(1992)는 《국문연구의정안》의 내용을 국어표기법의 역사적 맥락 속에서 살펴보고 있다.

이 책은 위 지적한 업적들을 최대한 참고하되, 가능한 한 중복을 피하면서, 《국문연구의정안》의 전문(全文)을 항목 별로 해설하고, 역주를 달아 나가는 것을 주목적으로 한다. 《국문연구의정안》은 당시 국한문혼용체의 문체 그 자체를 여실히 보여주는 자료이므로, 당시 표기된 그대로 원문을 옮겨 와야 할 것이나, 현대 독자들의 편의를 위해 세로쓰기로 되어 있는 것을 가로쓰기로 바꾸고, 띄어쓰기가 되어 있지 않은 것을, 필자의 임의대로 적절히 띄어 옮겨와 해설과 역주 작업을 하고자 한다.

《국문연구의정안》은 모두 29장으로 보고서 공문(公文) 3장, 필사로 된 국문연구의정안(10제) 11장, 유인(油印)으로 된 국문연구의정안(10제) 10장, 의결록(議決錄)(10회) 4장, 어윤적이 쓴 〈ㄱㄷㅂㅅㅈ 5글자의 중음서법일정(重音書法一定)〉 1장 등으로 구성되어 있다. 이 가운데 최종 결론은 필사로 된《국문연구의정안》이다. 유인으로 된《국문연구의정안》은 최종의《국문연구의정안》을 확정짓기 위한 회의 자료의 성격을 갖는다. 이 글에서는 필사로 된《국문연구의정안》에 대한 해설과 역주를 하기로 하겠다. 필사본과 유인본의 차이는 각주에서 지적할 것이다. 또한 유인본은 그 원문 전문을 한번에 제시하고, 그 뒤에 이에 대한 현대어역을 한번에 달 것이다. 이렇게 함으로써,《국문연구의정안》의 전체적인 윤곽을 파악하는 데 도움을 줄 수 있을 것이다.

제2장 국문연구소와 국문연구의정안

앞장에서 지적하였듯이, 《국문연구의정안》은 1907년 학부(學部) 안에 설치한 국문연구소에서 23회의 회의를 거쳐 1909년 12월 28일에 제출한 최종보고서로서, 모두 29장이다. 보고서 공문 3장, 필사로 된 국문연구의정안 11장, 유인으로 된 국문연구의정안 10장, 의결록 4장, 〈ㄱㄷㅂㅅㅈ 5글자의 중음서법일정〉 1장 등으로 되어 있다. 각 문항은 10개 항으로 정리되어 있으며, 전체적으로 매우 의미 깊은 문자체계와 표기법의 통일안으로서, 1933년 한글맞춤법통일안의 기초가 되었다고 할 수 있다. 이 《국문연구의정안》은 국문연구소 위원들의 협동적 노력의 결정으로 개화기 국문 연구의 총결산이라 할 수 있어 의의가 매우 높으며, 특히 연구위원들이 각자 작성하여 이 의정안과 함께 제출한 《국문연구》(4책, 오구라(小倉)문고 소장)와 각 회의 때 배포된 유인물을 모아 놓은 《국문연구안》(7책, 육당(六堂)문고 소장)이 남아 있어 참고할 수 있다. 그 밖에 당시 간행된 《황성신문》·《대한매일신보》 등의 보도도 참고가 된다.

국문연구소는 1907년 학부 안에 설치한 한글 연구기관이다. 학부대신 이재곤(李載覌)의 청의로 각의를 거쳐 그해 7월 8일에 설치되었다. 훈민정음 창제 당시의 정음청(正音廳) 설치 이후 한글을 연구하기 위한 최초의 국가기관이라 할 수 있다.

국문연구소의 설립 동기는 실학 시대부터 문자 및 그것의 표기 문제가 제기되었고, 이 문제를 해결하려는 개별적인 노력은 있었으나, 공동연구에 의한 통일된 문자체계와 표기법이 제정되지 않았는데, 19세기 말엽에 그것을 확립해야 할 필요성이 강하게 대두된 데 있었다.

서구 문명이 급격히 밀려들어와 소용돌이치고 있던 19세기 후반 개화기는 외세의 충격이 강한 만큼이나 이에 대항하고 극복하려는 강력한 자주 의식이 발로되었고, 이리하여 이미 실학 시대로부터 있어 왔던 우리 것에 대한 관심이 맥을 이어가며 극대화되어 가던 시기였다. 따라서 우리 것에 대한 관심이 높아가는 이 시점에서 우리 어문에 대한 관심이 막대할 수밖에 없음은 당연한 역사적 귀결이라 할 것이다.

당시 개화기를 전후한 우리나라의 문자 생활은 이병근(1986:27)에서 적절히 지적되었듯이, ① 한문(漢文)만으로 쓴 한문순용체(漢文純用體), ② 불가(佛家)·유가(儒家)의 경서(經書)들의 언해문(諺解文)에서 볼 수 있는 현음 국한문혼용체(縣音國漢文混用體), ③《용비어천가(龍飛御天歌)》의 국문 가사에서 비롯되어 많은 시가(詩歌)에서 주로 볼 수 있는 순수한 국한문혼용체(國漢文混用體), ④ 윤음(綸音)에서 볼 수 있는 바와 같은 한문순용체와 국문순용체를 각각 독립시킨 국한문양분체(國漢文兩分體), ⑤ 국문소설 같은 데서 볼 수 있는 국문순용체(國文純用體) 들이 사용되고 있었다.

이 다섯 가지 문체 가운데 ⑤ 국문순용체는 남녀노소를 불문하고 종교를 전도하려는 서양 선교사들에 의해 활발하게 사용된 것은 물론이고, 독립과 자주 의식이 고취되는 시대적 상황과 맞물려 점차 식자층에 의해서도 그 사용이 확대 일로에 있었다.

조선시대의 문자 생활에 있어서 공식적 지위를 갖고 있던 '한문(漢文)'에 대립된다는 점에서 줄곧 '언문(諺文)'이란 말로 더 널리 사용되어 오던 우리 문자가 '국문'이란 이름으로 바뀌어 사용되기 시작한 것도 바로 이 시기이다. '언문'이 '국문'으로 그 명칭이 바뀐 것은 우리의 고유 문자인 '훈민정음'이 국가의 문자로 그 지위가 격상되었음을 의미하는 것이며, 문자 생활에서의 사용 빈도와 중요성의 증대를 의미하는 것이었다.

이 시기는 국문순용체 이외에도 국한문혼용체의 세력 또한 확대되어 나갔는데, 국문순용체이든, 국한문순용체이든 간에 국문이 포함되어 있으므로, 국문을 어떻게 표기할 것인가 하는 문자 체계와 표기법에 대한 관심이 전국가적 차원에서 대두될 수밖에 없었다.

이런 시대적 상황 속에서 국문연구소의 설립에 직접적인 동기가 된 것은 지석영의 《신정국문(新訂國文)》이었다. 우리나라에 처음으로 종두(種痘)를 시행했으며 당시 의학교(醫學校) 교장이었던 지석영이 '·' 폐지와 '=' 창제를 골자로 한 개혁적인 국어정서법통일안을 마련하고 그 실시를 상소한 결과 재가를 얻어 1905년 7월 19일자로 《신정국문》이란 이름으로 공포되었던 것이다. 《신정국문》의 공포는 그렇지 않아도 국문에 대한 관심으로 가득 차 있었고, 또 국문의 문자 체계와 표기법의 통일을 기하려고 갈구하고 있던 식자들에게 엄청난 반향과 물의를 일으키게 되었다. '·'의 폐지와 '='자 창제, 된시옷의 관용 인정, 종성 팔자만을 인정한 것 등 《신정국문》의 내용은 식자들에게 쉽게 수용될 수 없는 내용들로 가득했던 것이다.

《신정국문》의 공포가 1907년 국문연구소를 학부에 설치하여 국가적 사업으로 국문 연구를 하게 한 직접적인 동기가 되었다는 것은 小倉進平(1920)의 지적 이래로 여러 연구서에서 이미 지적된 바이다. 이밖에도 국문연구소 설립의 계기가 된 것은 《신정국문》의 공포로 사회적 물의를 일으키고 있는 상황에서, 1906년 5월에 이능화(李能和)가 〈국문일정의견(國文一定意見)〉을 학부에 제출한 것도 지적할 수 있다.

국문연구소의 설립과 활동의 전말에 대해서는 이기문(1972)에 매우 소상하게 소개되어 있는 바이다. 이에 대해 간단히 언급하면, 국문연구소는 1907년 7월 8일에 학부대신 이재곤의 청의로 각의를 거쳐 고종 황제의 재가를 받아 학부 안에 개설하게 되었는데, 국문의 원리, 연혁, 현재행용, 장래발전 등의 방법을 연구・검토하면서 1909년 12월 최종보고서《국문연구의정안》을 제출하고 그 활동을 종결지었다. 1907년 7월 12일 위원장에 학무국장 윤치오(尹致旿)가 임명되고, 위원으로 편집국장 장헌식(張憲植), 관립한성법어학교장 이능화(李能和), 정삼품 현은(玄檃), 내부서기관 권보상(權輔相), 주시경(周時經), 학부사무관 우에무라(上村正己) 등이 임명되었다. 1907년 8월 19일 어윤적(魚允迪)이 장헌식의 후임으로 학부편집국장에 임명됨에 따라 국문연구소 위원으로 교체 임명되었고, 그 해 9월에 9월 23일자로 이종일(李鍾一)・이억(李億)・윤돈구(尹敦求)・송기용(宋綺用)・유필근(柳苾根) 등 5명의 위원이 보충 임명됨으로써, 위원은 위원장 포함 모두 12명으로 보강되었다. 그러나 이 가운데 일차로 임명되었던 현은과 이차로 임명된 이종일, 류필근이 같은 해 11월 이후로 사임을 청원하고, 다음해 8월 이억이 청원 해임하였으며, 발족 당시 서기였던 이민응이 1908년 5월 간사에서, 다시 6월에 위원으로 임명되었다. 한편《국문연구의정안》의 보고서의 기록에는 적혀있지 않지만, 관보(官報) 3991호(1908년 2월 7일)에 "命國文硏究所委員 大韓醫院學生監 池錫永(대한의원 학생감 지석영을 국문연구소 위원으로 명함)"이라 되어 있는 것에서 확인되듯이 1908년 1월 21일 지석영이 위원으로 임명되었다. 일본인 우에무라(上村正己)는 연구에 참여하지 않은 것으로 보인다.

이런 사실들을 고려하고, 또 위원장 윤치오를 제외하면, 국문연구소의 종료까지《국문연구의정안》결정에 참여한 위원은 어윤적, 이능화, 권보상, 주시경(이상 1차 임명), 윤돈구, 송기용, 지석영, 이민응 등의 8 위원이라고 할 수 있다. 실제로 《국문연구의정안》에 〈국문연구〉라는 표제로 첨부된 최종연구안을 제출한 위원은 위 9인 가운데 위원장을 제외한 8인의 위원들이다.

국문연구소가 1907년 7월 8일에 개설되고 12일에 제1차로 직원 발령이 이루어져 구성을 마쳤음에도 불구하고 당시의 복잡다단한 시국 상황으로 인해 두 달이나 지난 9월 16일에야 첫 회의가 열린다. 이 첫 회의에서 국문연구소의 운영 방침을 정한 〈국문연구소규칙〉에 대한 논의가 있었던 것으로 보이는데, 《국문연구안》 권1 첫머리에 실려 있는 〈국문연구소규칙〉 제4조에 의하면, 개회(開會)는 매월 10일, 20일, 말일의 월 3회 갖기로 정해 놓았고, 다음해 8월경 개정된 규칙에서도 매월 1일, 16일 월 2회 정기로 개회를 하기로 하였으나, 총 23회의 개회로 그치고 만 것은 규칙과는 달리 실제로는 매월 정기적으로 회의가 열리지 못했음을 말해 주고 있다.

국문연구소의 목적은 〈국문연구소규칙〉 제1조에 명시된 바대로 "국문의 원리 및 연혁과 현재의 행용(行用) 및 장래발전 등의 방법을 연구함"이었으며, 1907년 9월 16일에 제1회 회의를 개최한 이래 23회의 회의를 열었다. 최종 회의는 1909년 12월 27일에 있었는데, 그동안 위원장은 10회에 걸쳐 모두 14개항의 문제를 제출하였고, 이에 대한 토론과 의결을 거쳐 1909년 12월 28일자로 최종적인 보고서 《국문연구의정안》을 학부대신에게 제출하였다.

국문연구소의 연구 운영 방법에 대해서는 〈국문연구소규칙〉 제5조에 자세히 규정되어 있다. 그 규정은 다음과 같다. 우선 문제를 위원장이 제출하면, 각 위원이 그 문제에 대한 연구안 원고를 제출한다. 제출된 원고를 수집하여 모든 위원들에게 등사 배포하여 참호(參互: 서로 비교하여 헤아려 살핀다는 뜻) 연구케 하고, 각 위원이 참호연구안을 제출하면 이를 위원장이 수집 열람하여 평정안(評訂案)을 만든다. 마지막으로 위원장이 참호연구안과 평정안을 첨부 제출하여 토론을 거쳐 의결한다. 이때 의결은 표결에 의하는데, 가결(可決)은 출석원 3분의 2 이상으로 한다.

연구 방법에 대한 규정은 이러했지만, 그 실시는 처음 제1회에 그치고, 제2회부터는 개정되었다. 제1회 회의가 위의 규정에 따라 실시되었다는 사실은 《국문연구안》 권1에 '제1회 국문연구안 국문연원(國文淵源)'에 대한 각 위원의 연구안이 들어 있고 이어 이에 대한 '국문연원 참호연구안' 들이 있으며, 맨 마지막에 '연원 평증안(評證案)'이 있음을 통해 확인할 수 있다.(여기서 평증안은 평정안의 오기일 것임.)

그러나 제2회부터는 국문연구소 규칙을 개정하여 모든 위원이 참호연구안을 제출하던 것을 위원장이 위촉한 3인의 위원이 의안을 작성하도록 하여 이것을 토론 의결하도록 하였고, 위원장이 평정안을 쓰는 것도 생략하기로 하였다. 또한 의결에 있어서도 출석원 3분의 2 이상으로 했던 것을 '가표(可票)는 다수(多數)를 요함'으로 개정하여 실시하였다.

《국문연구의정안》은 앞서 토의에 붙였던 14개항의 문제를 10개항으로 요약하여 정리하였는데, 이 열 개의 과제는 다음과 같다.

1. 국문의 연원과 국문 자체 및 발음의 연혁
2. 초성 가운데 'ㆁ, ㆆ, ㅿ, ㅱ, ㅸ, ㆄ, ㅹ' 8자를 다시 사용할지 여부
3. 초성의 된소리 표기를 'ㄲ, ㄸ, ㅃ, ㅆ, ㅉ, ㆅ' 6자로 정할지 여부
4. 중성 가운데 'ㆍ'자를 폐지할 것인지, 그리고 'ㆢ'자를 창제할 것인지 여부
5. 종성의 'ㄷ, ㅅ' 2자의 용법 및 'ㅈ, ㅊ, ㅋ, ㅌ, ㅍ, ㅎ' 6자도 종성에 통용할지 여부
6. 자모의 7음과 청탁의 구별 문제
7. 사성표를 사용할지 여부 및 국어음의 고저를 표기할지 여부

8. 한글 자모의 명칭을 정하는 문제
9. 자순(字順), 행순(行順)을 정하는 문제
10. 철자법

제3장 국문연구의정안(필사본) 역주 및 해설

원 문

<1a>

報告書*

本所에서[1] 國文[2] 硏究를 終了ᄒᆞ얏삽기 硏究案을 添付ᄒᆞ야 議定案을 提出ᄒᆞ옵고 事業의 顚末을 左開[3]ᄒᆞ와 玆에[4] 報告ᄒᆞ오니
照亮[5]ᄒᆞ심을 望홈[6]

隆熙[7] 三年 十二月 二十八日

國文硏究所　　委員長 尹致旿
　　　　　　　幹事 李敏應

學部[8]大臣 李容稙 閣下

左開

현대어역

보고서

본 연구소에서 국문 연구를 종료하였기에 연구안을 첨부하여 의정안을 제출하옵고 사업의 전말을 다음과 같이 보고하오니
살펴 봐 주시기를 바랍니다.

1909년(융희 3) 12월 28일

국문연구소 위원장 윤치오
간사 이민응

학부대신 이용직 각하

좌개

역주 · 해설

* 이 부분은 《국문연구의정안》의 첫머리로서, '보고서(報告書)'라는 제목 아래 1909년 12월 28일 국문연구소 위원장 윤치오가 그동안 국문연구소에서 연구한 결과를 당시 학부대신이었던 이용직에게 보고한다는 내용을 담고 있다. 이 보고서는 다음에 사업의 전말에 관한 기술까지를 포함해서 3장으로 이루어져 있고, 그 다음에 《국문연구의정안》 9장, 그리고 이 의정안 심의 과정에 사용된 것으로 보이는 등사본 《국문연구

의정안》 10장, 10회에 걸친 의결의 기록 4장이 붙어 있다. 의결 기록 다음에 〈ㄱㄷㅂㅅㅈ 五字의 重音(古謂 雙聲 俗稱 된시옷) 書法 一定〉이라는 제목의 글 한 장이 있는데, 이는 이기문(1972:58)의 지적대로, 《국문연구안》 권5 8장(張)의 어윤적의 연구안과 완전히 일치한다. 이 글 다음에, 보고서에서 첨부한다고 한 연구안이 첨부되어 있는데, 첨부된 연구안은 국문연구소 위원들의 최종연구안으로서, 《국문연구》라는 표제(表題)로 되어 있으며, 어윤적, 이능화, 주시경의 최종연구안이 각 1책, 권보상, 송기용, 지석영, 이민응, 윤돈구의 최종연구안이 함께 묶여 1책 등 모두 4책으로 이루어져 있다.

* 원문은 세로쓰기로 되어 있는 것을 여기서는 가로쓰기로 바꾸어 놓았다. 그리고 원문은 띄어쓰기가 되어 있지 않지만, 여기서는 필자의 임의대로 적절히 띄어 놓았다.

1) 본소에셔 : '-에셔'가 무정물 단체명사(無情物 團體名詞) 뒤에 사용되어 문장기능상 주격 조사의 역할을 하고 있음을 확인할 수 있다.

2) 여기서 '국문'이란 우리나라의 문자를 의미하는 것이며, 중국의 문자 '한문(漢文)'에 대립적으로 사용된 것이다. 종래 '한문'에 대립적으로 사용된 것은 '언문(諺文)'이었다. 문자로서의 '훈민정음(訓民正音)'이 창제된 이후, '정음'이라고 줄여서 불려지기도 했지만, 조선시대의 문자 생활에 있어서 공식적 지위를 갖고 있던 '한문(漢文)'에 대립된다는 점에서 줄곧 '언문(諺文)'이란 말로 더 널리 사용되어 왔다. 이런 '언문'이 19세기 말엽 개화기에 접어들면서 '국문'으로 바뀌어 사용된다. '국문'은 1894년 갑오개혁 이후 《고종실록(高宗實錄)》 기사부터 비로소 나타나기 시작하는데 이는 개화기 시대에 독립과 자주 의식이 고취되면서 우리의 고유 문자인 '언문'이 국가의 문자로 그 지위가 격상되었음을 의미한다.

3) 좌개(左開)는 좌기(左記)와 같은 뜻으로서, "세로쓰기를 한 글에서, 본문의 왼쪽에 기록된 것"을 뜻한다. 《국문연구의정안》이 세로쓰기로 되어 있으므로 '좌개'란 표현을 사용하고 있는 것이다.

4) '자(玆)에'는 '이에'를 의미한다.

5) 조량(照亮)은 '비출 조(照)'와 '밝을 량(亮)'이 결합된 한자어로서, "형편이나 사정을 살펴서 밝히 앎"의 뜻을 갖는다.
6) 중세국어에서는 명사파생 접사 '-(ᄋᆞ/으)ㅁ'이 동사 어근에 결합되어 명사를 파생하였고, 명사형 어미는 '-옴'으로 실현되었다. 여기서 '홈'은 중세 국어의 질서대로 동사 어간 'ᄒᆞ'에 명사형 어미 '-옴'이 결합된 형식이다.
7) 융희(隆熙)란 1907년부터 1910년, 곧 순종 황제 즉위 때부터 한일합방 직전까지 사용된 대한제국의 연호이다.
8) 학부(學部)는 대한제국 때에, 교육에 관한 일을 맡아보던 관청으로서, 고종 32년(1895)에 학무아문(學務衙門)을 고친 것이다.

원 문

<1b>
本所ᄂᆞᆫ 光武[1] 十一年[2] 七月 八日에 學部大臣 李載崐의 請議[3]로 閣議[4]를 經ᄒᆞ야[5] 內閣總理大臣 李完用 學部大臣 李載崐이 上奏[6] 蒙裁[7]ᄒᆞ와 學部內에 開홈

현대어역

본 연구소는 1907년(광무 11) 7월 8일에 학부대신 이재곤의 청의로 내각회의를 거쳐서 내각총리대신 이완용, 학부대신 이재곤이 임금께 말씀을 아뢰어 (임금으로부터) 재가를 받아 학부 내에 개설함.

역주 · 해설

* 이 부분은 국문연구소의 개설 시기가 1907년 7월 8일인 사실과 고종 황제의 재가를 받아 학부 내에 개설됨으로써 법적 기구로서의 성격을 갖게 되었음을 보이고 있다. 이 사실은 그 다음 날인 7월 9일자 《황성신문(皇城新聞)》 2527호에 보도되기도 하였다.

1) 광무(光武)는 조선 왕조의 고종이 대한제국의 황제로 즉위한 1897년 10월부터 사용한 연호로서, 고종 황제가 헤이그밀사사건의 책임을 지고 황태자인 순종 황제에게 양위한 1907년 7월 19일까지 사용되었다. 국문연구소의 개설일은 7월 8일이므로, 연호를 광무로 쓰고 있는 것이다. 실로 국문연구소는 헤이그밀사사건 직후 고종 황제가 퇴위 당하고, 순종이 즉위하는 격동의 소용돌이 가운데서 개설되었던 것이다.
2) 광무 11년은 1907년에 해당한다.
3) 청의(請議)는 '다수의 의견에 따라 합의하여 결정하기를 요구한다'는 뜻이다.
4) 각의(閣議)는 '내각 회의'를 줄여서 이르는 말이다.
5) '경(經)ᄒᆞ야'는 '거쳐서'라는 뜻이다.
6) 상주(上奏)는 '임금께 말씀을 아뢰던 일'을 뜻한다.
7) 몽재(蒙裁)는 안건을 결재하여 허가를 얻는, 곧 '재가(裁可)를 받았다'는 뜻이다.

원 문

職員ᄋᆞᆫ 光武 十一年 七月 十二日에 學部 學務局長 尹致旿[1]ᄂᆞᆫ 委員長ᄋᆞ로 學部 編輯局長 張憲植[2] 官立漢城法語學校長[3] 李能和[4] 正三品 玄檃[5] 內部書記官 權輔相 周時經[6] 學部事務官 上村正己는 委員ᄋᆞ로 被命[7]ᄒᆞ고 學部 視學官[8] 柳基泳ᄋᆞᆫ 幹事로 學部 主事 白萬奭ᄋᆞᆫ 書記로 辭令[9]을 受ᄒᆞ고

현대어역

직원은 1907년(광무 11) 7월 12일에 학부 학무국장 윤치오는 위원장으로, 학부 편집국장 장헌식, 관립 한성법어학교 교장 이능화, 정삼품 현은, 내부 서기관 권보상, 주시경, 학부사무관 우에무라는 위원으로 임명을 받고, 학부 시학관 류기영은 간사로, 학부 주사 백만석은 서기로 인사명령을 받고

역주 · 해설

* 이 부분은 국문연구소의 직원들이 1907년 7월 12일에 임명되어 그 운영이 시작되었음을 밝히고 있는 부분이다. 발족 당시의 직원은 위원장(1인), 위원(6인), 간사(1인), 서기(1인)를 포함해서 모두 9명에 불과함을 보여주고 있다. 주시경을 제외하면 모든 위원들이 관직에 있었던 사람들로 이 연구소의 성격을 능히 짐작할 수 있게 한다(이병근 1986:39). 위원 가운데 일본인이 포함된 것은 일제의 강압에 의해 1907년 7월에 체결된 소위 한일신협약(韓日新協約)의 제5조 "한국정부는 통감이 추천하는 일본인을 한국관리에 용빙할 것"이라는 조항에 의한 것으로 보인다. 이렇게 보면 실질적인 연구 위원은 위원장 포함 6인에 불과하다.

1) 윤치오(尹致旿, 생몰년 미상). 교육행정가. 갑신정변 때 친일개화파로 몰려 일본으로 망명하여 게이오대학(慶應大學)을 졸업하였다. 그 뒤 동경외국어학교에서 한국어교사를 역임하다가 1897년경에 귀국, 학부(지금의 문교부)의 학무국장과 일본유학생 감독을 맡아보았다. 1908년 9월에 당시 무관학교장이던 이희두(李熙斗)와 함께 일반 국민의 체육발전을 위하여 군인구락부에 무도기계체육부(武徒器械體育部)를 만들었으며, 여기에서 활쏘기 · 승마 · 유도 · 격검(擊劍) 등을 가르치게 하여 이들 종목의 보급과 발전에 기여하였다. 1910년 국권 피탈 이후 1915년 3월까지 중추원 찬의(贊議)를 역임하였다.

2) 장헌식(張憲植, 1869~?). 경기도 용인 출신. 1895년(고종 32) 정부로부터 유학 명령을 받고 일본으로 가서 이듬해 게이오의숙(慶應義塾) 보통과를 졸업하였다. 이어 동경제국대학(東京帝國大學)에 입학, 1902년 법과대학 선과(法科大學選科)를 마친 뒤 다시 동대학원에 입학하여 행정법을 전공하고 1903년에 귀국하였다. 귀국 후 곧 궁내부실 제도정리국 비서(宮內府室制度整理局祕書)로 기용되었다가 학부참서관(學部參書官)에 임명되고 겸하여 외국어학교(外國語學校) 교장을 맡았다. 1907년에는 다시 학부편집국장(學部編輯局長)이 되고 주임관1등(奏任官一等)이 주어졌으며 관립사범학교의 교장을 겸하였다. 학부 재직시 교육제도의 개선과 신교육의 보급에 힘썼다. 1910년 국권 피탈 이후 총독부의 평안남도 참여관을 지내고 충청북도 장관을 역임

하였으며, 그 뒤 총독부 민정시찰사무관을 거쳐 전라남도 지사에 임명되었다. 전라남도 지사 재직시 총독부의 식민통치에 적극 기여한 공로로 종3위(從三位) 훈2등이 주어졌다.

3) 관립한성법어학교(官立漢城法語學校)는 서울특별시 종로구(鍾路區) 수송동(壽松洞)에 있던 관립외국어학교. 1895년 10월 프랑스인 E. 모텔이 프랑스어 통역관을 양성하기 위한 목적으로 설립하였다. 수업 연한은 5년, 학제는 3학기제로 하고, 교수 4명, 서기 1명으로 규정되어 있었다. 설립 당시 교수로는 모텔과 한국인 이능화(李能和), 안우상(安于商), 김한기(金漢箕) 등 4명이었다. 1906년에 폐교되었다.

4) 이능화(李能和, 1869~1943). 학자. 충청북도 괴산(槐山) 출생. 어려서는 한문을 배우고 1889년(고종 26) 정동영어학당(貞洞英語學堂), 1894년 한어학교(漢語學校)를 졸업했다. 1895년 관립법어학교(官立法語學校)에 입학하고, 성적이 뛰어나 1897년 교관이 되었다. 1906년 관립 한성법어학교 교장으로 임명되었으며 의정부(議政府) 특명으로 일본으로 건너가 각 관청을 시찰하고 돌아와 국문연구소 위원이 되었다. 1912년 능인(能仁) 사립보통학교를 세워 교장을 지냈으며, 불교계 계몽운동에 관심을 가지고 불교진흥회 간사로서 《불교진흥회월보》, 《불교계》, 《조선불교총보》 등 불교잡지를 편집, 발간했다. 1922년 조선총독부가 조직한 조선사편수회에서 일할 때 많은 저서와 논문을 남겼다. 1930년 재한 일인학자 중심의 청구학회(靑丘學會) 평의원으로 활동하고 1931년 계명구락부(啓明俱樂部)를 설립하여 민족정신의 계몽운동을 전개했으며 중앙불교전문학교(현재의 동국대학교) 강사를 지냈다. 저서에 《조선불교통사》(1918), 《조선여속고(朝鮮女俗考)》, 《조선무속고》, 《조선해어화사(朝鮮解語花史)》, 《조선기독교 및 외교사》 등 다수가 있다.

5) 현은(玄檃)은 1860년에 태어나 만 20세에 증광시(增廣試)에 합격하여 한어(漢語) 역관(譯官)을 지내면서 강위(姜偉)와 교분을 맺었던 사람으로, 총독부 시대에는 《조선어사전(朝鮮語辭典)》의 편찬과 〈보통학교용 언문철자법〉의 제정에 위원으로 참여하기도 하였다.(이병근 1986:39)

6) 주시경(周時經, 1876~1914). 국어학자. 황해도 봉산 출생. 1890년(고종 27)부터 한문을 배우다가 1894년 상경, 배재학당(培材學堂)에 입학, 스스로 국어·국문의 과학적 연구를 개척하기 시작하였다. 1896년 4월 《독립신문》이

창간되자 편집인으로 일하면서 국문동식회(國文同式會)를 결성하였다. 《독립신문》을 한국 최초로 한글전용, 한글 띄어쓰기, 쉬운 말 쓰기의 방법으로 제작하는 데 크게 기여하였으며, 여러 강습소에서 한글을 가르치고 보급하는 데 전념하였다. 1905년 을사늑약으로 국권을 빼앗기게 되자, 나라가 일제의 식민지로 전락하기 전에 국어문법을 확립, 보급해야 함을 절감하고 국어국문연구에 박차를 가하는 한편, 연구결과를 책으로 발간했다. 《대한국어문법》(1906), 《국어문전음학(國語文典音學)》(1908), 《국어문법》(1910) 등이 그것이다.

한편 국어연구와 사전편찬사업에 관한 건의서를 정부에 제출하였고, 1907년 어윤적(魚允迪), 이능화(李能和) 등과 함께 학부(學部)의 국문연구소 위원이 되었다. 국권 피탈 직후 조선광문회(朝鮮光文會)에 가입, 《훈몽자회(訓蒙字會)》 등 국어 관계 고전을 교정하여 간행하고 《말모이(國語辭典)》의 편찬을 담당하였다. 1914년 《말의 소리》를 저술, 간행하여 국어 음운학의 과학적 기초를 확립하였으나, 이해 독립운동을 하는 동지들이 체포되자 해외 망명을 준비하다가 급환으로 죽었다. 전 생애를 한글의 문법과 맞춤법의 과학적 연구에 바쳤으며, 많은 제자를 육성, 뒤에 조선어연구회(조선어학회・한글학회의 전신)를 창설하게 하였다. 저서로 《주시경유고》, 《국어문법》이 있다.

7) 피명(被命)은 '명령을 받고'의 뜻이다.

8) 시학관(視學官)은 대한제국 때, 학부에 속한 관직이다.

9) 사령(辭令)은 임명, 해임 따위의 인사에 관한 명령을 뜻한다.

원 문

<2a>

隆熙 元年 八月 十九日에 委員 張憲植 解任 代에 學部編輯局長 魚允迪[1]이 被命ᄒᆞ고

同年 九月 二十三日에 正三品 李鍾一 正三品 李億 六品 尹敦求 前敎官 宋綺用 九品 柳苾根이 委員 被命ᄒᆞ고

同年 十月 二十三日에 學部委員 李圭鎭이 書記로 辭令을 受ᄒᆞ고

二年 一月에 幹事 柳基泳 代에 白萬奭이 辭令을 受ᄒᆞ고
同年 五月 三十日에 白萬奭 代에 學部 書記官 李
<2b>
敏應은 幹事로 學部 主事 趙漢稷은 書記로 辭令을 受ᄒᆞ고
同年 六月 四日에 李敏應이 委員 被命ᄒᆞ고
同年 八月 七日에 委員 李億이 請願 解任ᄒᆞ고
同年 十一月 十三日에 書記 趙漢稷 代에 學部 主事 李琮夏가 辭令을 受ᄒᆞ고
三年 十月 二十五日 書記 李琮夏 代에 學部 主事 隈部一男이 辭令을 受ᄒᆞ고 委員 玄檃 李鍾一 柳苾根은 元年 十一月 以後로 幷皆[2] 請願홈[3]

현대어역

1907년(융희 원년) 8월 19일에 위원 장헌식이 해임되고, 그 대신에 학부편집국장 어윤적이 임명을 받고, 같은해 9월 23일에 정삼품 이종일, 정삼품 이억, 육품 윤돈구, 전교관 송기용, 구품 류필근 등이 위원으로 임명되고, 같은해 10월 23일에 학부위원 이규진이 서기로 인사명령을 받고, 1908년(융희 2) 1월에 간사 류기영 대신에 백만석이 인사명령을 받고, 같은해 5월 30일에 백만석 대신에 (서기였던) 학부 서기관 이민응이 간사로 인사명령을 받고, (서기였던 이민응 대신에) 학부 주사 조한직이 서기로 인사명령을 받고, 같은해 6월 4일에 (간사였던) 이민응이 위원으로 임명되고, 같은해 8월 7일에 위원 이억이 청원하여 해임되고, 같은해 11월 13일에 서기 조한직 대신에 학부 주사 이종하가 인사명령을 받고, 1909년(융희 3) 10월 25일 서기 이종하 대신에 학부 주사 외부일남이 인사명령을 받고, 위원 현은, 이종일, 류필근은 1907년 11월 이후로 모두 함께 사임을 청원하였음.

역주 · 해설

* 이 부분은 국문연구소의 직원의 추가 임명과 교체 과정을 보여주고 있다. 1907년 8월 19일 어윤적이 장헌식의 후임으로 학부편집국장에 임명됨에 따라 국문연구소 위원으로 교체 임명된 것을 논외로 하면, 그 해 9월에 5명의 위원이 보충 임명됨으로써, 위원은 위원장을 포함하여 모두 12명으로 보강되었음을 보여주고 있다. 그러나 이 가운데 1차로 임명되었던 현은과 2차로 임명된 이종일, 류필근은 같은 해 11월 이후로 사임을 청원하였고, 다음해 8월 이억이 청원 해임하였으며, 발족 당시 서기였던 이민응이 1908년 5월 간사로 보직 변경되었다가, 다시 6월에 위원으로 임명되었다. 한편 《국문연구의정안》의 보고서의 기록에는 적혀 있지 않지만, 관보(官報) 3991호(1908년 2월 7일)에 "命國文硏究所委員 大韓醫院學生監 池錫永(대한의원 학생감 지석영을 국문연구소 위원으로 명함)"이라 되어 있는 것에서 확인되듯이 1908년 1월 21일 지석영이 위원으로 임명되었다. 한편 일본인 우에무라(上村正己)는 연구에 참여하지 않은 것으로 보인다. 이런 사실들을 고려하고, 또 위원장 윤치오를 제외하면, 국문연구소의 종료까지 남아서 국문연구의정안 결정에 참여한 위원은 어윤적, 이능화, 권보상, 주시경(이상 1차 임명), 윤돈구, 송기용, 지석영, 이민응 등의 8 위원이라고 할 수 있다.

실제로 《국문연구의정안》에 《국문연구》라는 표제로 첨부된 최종연구안을 제출한 위원은 위 9인 가운데 위원장을 제외한 8인의 위원들이다. 《국문연구》는 어윤적, 이능화, 주시경의 것들이 각각 1책으로 묶여져 있고, 나머지 권보상, 송기용, 지석영, 이민응, 윤돈구의 최종연구안이 1책으로 합해져 있다.

1) 어윤적(魚允迪, 1868~1935). 조선 말기 문신 · 학자. 자는 치덕(穉德), 호는 혜재(惠齋). 본관은 함종(咸從). 일찍이 일본 게이오의숙(慶應義塾)에서 수학

하였고, 귀국 후 평식원 총무과장(平式院總務課長), 외부참사관(外部參事官), 용천부윤(龍川府尹) 등을 지냈다. 1907년 학부(學部) 편집국장이 되어 국문연구소(國文硏究所) 개설과 국문 통일에 주도적 역할을 하였다. 일제강점기에는 중추원부참의·조선사편찬위원·경기도참여관 및 경성제국대학 강사 등을 지내는 한편, 대동사문회(大東斯文會) 회장을 맡아 정만조(鄭萬朝) 등과 함께 활동하기도 했다. 한글의 기원을 태극도(太極圖)에 결부시켜 설명했다. 저서로는 《동사연표(東史年表)》, 《조선승무유현연표(朝鮮陞廡儒賢年表)》 등이 있다.(후자의 저서에서 '승무(陞廡)'는 '학덕(學德)이 있는 사람을 문묘(文廟)에 올려 함께 제사지내던 일'을 뜻하며, '유현(儒賢)'은 '유학에 정통하고 언행이 바른 사람'을 뜻한다.)

2) 병개(幷皆)는 '모두 함께'라는 뜻이다.

3) 여기서 청원(請願)은 사임(辭任)을 청원하였다는 뜻으로 사용되고 있다.

원 문

開會는 元年 九月 十六日에 始ᄒᆞ야 三年 十二月 二
<3a>
十七日에 終ᄒᆞ와 二十三回이온바 元年에 五回 二年에 十二回 三年에 六回로 홈

현대어역

회의는 1907년(융희 원년) 9월 16일에 시작하여, 1909년(융희 3) 12月 27일에 (회의를) 마쳤다. 모두 23회의 회의를 열었는데, (연도별로 살펴보면) 1907년에 5회, 1908년에 12회, 1909년에 6회의 회의를 열었다.

역주·해설

* 국문연구소가 1907년 7월 8일에 개설되고 12일에 제1차로 직원 발령이

이루어져 구성을 마쳤음에도 불구하고 첫 회의가 두 달이나 지난 9월 16일에야 열린 것을 알 수 있다. 이처럼 회의가 늦어진 것은 헤이그밀사사건으로 일제로부터 협박을 받아 그 해 7월 19일 고종이 퇴위하고 순종이 즉위한 시점을 전후로 복잡다단한 시국(時局) 때문이었을 것이다. 당시의 시국이 얼마나 복잡했던가는 순종 즉위 직후인 7월 24일에 정미7조약(丁未七條約)이 체결되고, 27일에는 언론을 탄압하기 위한 신문지법(新聞紙法), 이어서 29일에는 집회・결사를 금지하기 위한 보안법이 발표되는 한편, 31일에는 군대해산령이 내려져 대한제국이 무력화된 사실 등이 웅변으로 말해주고 있다.

1907년 9월 16일의 첫 회의에서 국문연구소의 운영 방침을 정한 〈국문연구소규칙〉에 대한 논의가 있었던 것으로 보이는데, 《국문연구》 권1 첫머리에 실려 있는 〈국문연구소규칙〉 제4조에 의하면, 개회(開會)는 매월 10일, 20일, 말일의 월 3회 갖기로 정해 놓았고, 다음해 8월경 개정된 규칙에서도 매월 1일, 16일 월 2회 정기로 개회를 하기로 하였으나, 1907년 9월과 1909년 12월 사이에 총 23회의 개회로 그치고 만 것은 규칙과는 달리 실제로는 매월 정기적으로 회의가 열리지 못했음을 말해 주고 있다.

원 문

事業은 國文의 原理와 沿革과 現在 行用[1]과 將來 發展 等의 方法을 研究ᄒᆞ기로 目的ᄒᆞ와 國文 全體中 研究ᄒᆞᆯ 만ᄒᆞᆫ 材料를 揀出[2]ᄒᆞ야 十題에 分ᄒᆞ야 研究호ᄃᆡ 委員長이 問題를 提出ᄒᆞ거든 各委員이 研究案을 提出ᄒᆞ고 其研究案을 謄寫 配付ᄒᆞᆫ 後 議案을 討論ᄒᆞ야 票題法을 依ᄒᆞ야 議決호ᄃᆡ 問題ᄂᆞᆫ 每回 會議에 提出ᄒᆞ야 鱗次[3] 研究홈

현대어역

사업은 국문의 원리와 연혁과 현재 행용과 장래 발전 등의 방법을 연구하는 것을 목적으로 한다. 국문 전체 중 연구할 만한 재료를 가려 뽑아서 열 개의 문제로 나누어 연구하되, (우선) 위원장이 문제를 제출하면 각 위원이 연구안을 제출하고, 이 연구안을 등사하여 배부한 후 의안을 토론하여 표제법을 의지하여 의결하되, 문제는 매회 회의에 제출하여 차례로 잇닿아 연구함.

역주 · 해설

* 이 부분은 국문연구소의 사업 목적과 연구 대상 및 연구 운영 방법을 밝히고 있다. 사업의 목적은 "국문의 원리와 연혁과 현재 행용과 장래 발전 등의 방법을 연구함"인데, 이는 〈국문연구소규칙〉 제1조에도 그대로 나타나 있다.

연구 대상은 국문 전체 중 연구할 만한 재료를 가려뽑아서 열 개의 과제로 나누었는데 이 열 개의 과제는 다음과 같다.

1. 국문의 연원과 국문 자체 및 발음의 연혁
2. 초성 가운데 'ㆁ, ㆆ, ㅿ, ㅱ, ㅸ, ㆄ, ㅹ' 8자를 다시 사용할지 여부
3. 초성의 된소리 표기를 'ㄲ, ㄸ, ㅃ, ㅆ, ㅉ, ㆅ' 6자로 정할지 여부
4. 중성 가운데 'ㆍ'자를 폐지할 것인지, 그리고 'ᆖ'자를 창제할 것인지 여부
5. 종성의 'ㄷ, ㅅ' 2자의 용법 및 'ㅈ, ㅊ, ㅋ, ㅌ, ㅍ, ㅎ' 6자도 종성에 통용할지 여부
6. 자모의 7음과 청탁의 구별 문제
7. 사성표를 사용할지 여부 및 국어음의 고저를 표기할지 여부
8. 한글 자모의 명칭을 정하는 문제

9. 자순(字順), 행순(行順)을 정하는 문제
10. 철자법

이 본문 부분에서의 연구 운영 방법은 연구 문제에 대한 논의 순서를 제시하고 있는 것인데, 이에 대해서는 〈국문연구소규칙〉 제5조에 더 자세히 규정되어 있다. 그 규정은 다음과 같다. 우선 문제를 위원장이 제출하면, 각 위원이 그 문제에 대한 연구안 원고를 제출한다. 제출된 원고를 수집하여 모든 위원들에게 등사 배포하여 참호(參互: 서로 비교하여 헤아려 살핀다는 뜻) 연구케 하고, 각 위원이 참호연구안을 제출하면 이를 위원장이 수집 열람하여 평정안(評訂案)을 만든다. 마지막으로 위원장이 참호연구안과 평정안을 첨부 제출하여 토론을 거쳐 의결한다. 이때 의결은 표결에 의하는데, 가결(可決)은 출석원 3분의 2 이상으로 한다.

연구 방법에 대한 규정은 이러했지만, 그 실시는 처음 제1회에 그치고, 제2회부터는 개정되었다. 제1회 회의는 위의 규정에 따라 실시되었다는 사실은 《국문연구안》 권1에 '제1회 국문연구안 국문연원(國文淵源)'에 대한 각 위원의 연구안이 들어 있고 이어 이에 대한 '국문연원 참호연구안'들이 있으며, 맨마지막에 '연원 평증안(評證案)'이 있음을 통해 확인할 수 있다.(여기서 평증안은 평정안의 오기일 것임.)

그러나 제2회부터는 〈국문연구소규칙〉을 개정하여 모든 위원이 참호연구안을 제출하던 것을 위원장이 위촉한 3인의 위원이 의안을 작성하도록 하여 이것을 토론 의결하도록 하였고, 위원장이 평정안을 쓰는 것도 생략하기로 하였다. 또한 의결에 있어서도 출석원 3분의 2 이상으로 했던 것을 '가표(可票)는 다수(多數)를 요함'으로 개정하여 실시하였다.

1) 행용(行用)은 '널리 퍼뜨려 씀, 또는 두루 씀'의 뜻이다. 국문연구소 개설 당시 세간(世間)에서 국문이 어떻게 널리 사용되고 있는가를 연구하겠다는 것이다.
2) 간출(揀出) '가려뽑아낸다'는 뜻이다.

3) 인차(鱗次)는 '비늘과 같이 차례로 잇닿아 있음'이란 뜻이다.

<3b>

<4a>

國文研究議定案

<4b>

원 문

<5a>

國文研究議定案

例言

一 本案은 各委員의 研究훈 十題에 對호야 一致호게 議定훈바 結果를 統括的으로 簡明히 記載홈

一 本案 每題下에 各委員의 研究훈바 意見의 要点을 抄畧[1] 分註[2]호야 異同[3]을 考校[4]케 홈

一 各委員의 詳細훈 意見을 查閱[5]에 供호기[6] 爲호야 各該[7] 研究案을 別로히[8] 添付홈

현대어역

국문연구의정안

예언

1. 본안은 각 위원의 연구한 10 문제에 대하여 일치하게 의정한바, 그 결과를 통괄적으로 간명히 기재함.
1. 본안의 매 문제 아래에 각 위원의 연구한 의견의 요점을 간단히 추려서 한 행에 두 줄로 주를 달아, 각 위원의 연구한 바의 같고 다름을 참고하여 살펴보게 함.
1. 각 위원의 상세한 의견을 하나씩 쭉 살펴보게 하기 위하여 각각 해당하는 연구안을 따로 첨부함.

역주 · 해설

* 이 부분은 '일러두기'에 해당하는 부분이다. 곧 이어지는 《국문연구의정안》에 대해 간략히 일러두는 말과 《국문연구》를 첨부한 취지를 밝히고 있다.

1) '초략(抄畧)'의 '畧'은 '略'과 同字임. '抄略'의 《표준국어대사전》 정의는 '노략질을 하여 빼앗음'이나, 여기서는 '(원문을 베끼되) 간단히 추려서 줄임'의 뜻으로 사용되었다.
2) 분주(分註)는 '본문 사이에 두 줄로 나누어 작은 글씨로 주를 다는 것, 또는 그렇게 다는 주'를 말한다. 여기서는, 국문연구소의 각 연구 과제에 대한 위원의 가부 의견을 간단히 한 행에 작은 글씨로 두 줄로 나누어 기술하고 있다.
3) 이동(異同)은 '같고 다름'의 뜻이다.

4) 고교(考校)는 '참고하여 조사한다'는 뜻이다.
5) 사열(查閱)은 '조사하거나 검열하기 위하여 하나씩 죽 살펴본다'는 뜻이다.
6) '공(供)ᄒᆞ기'는 '이바지하기'라는 뜻이다.
7) 각해(各該)는 '각각 해당하는'의 뜻이다.
8) '별로히'는 '따로'라는 뜻이다.

<5b>

<6a>

國文硏究議定案

원 문

一 國文의 淵源과 字體 及 發音의 沿革

本題에 對ᄒᆞᆫ 各委員의 硏究案을 查閱[1]ᄒᆞᆫ즉
淵源은 大槪 一致ᄒᆞ고 字體 發音은 大同小異ᄒᆞᆷ

현대어역

1. 국문의 연원(淵源)과 자체(字體) 및 발음의 연혁

본제에 대한 각 위원의 연구안을 사열한즉 연원은 대개 일치하고 자체(字體)와 발음은 대동소이함.

역주 · 해설

* 《국문연구의정안》의 제1제는 국문의 연원과 자체 및 발음의 연혁에 관한 것으로서, 그 내용상 나머지 9 과제들의 거의 대부분을 개괄하고 있

는 것이라 할 수 있다.

제목 밑에 있는 분주는 바로 앞의 '예언(例言)'에서 언급하였듯이, 한 행에 두 줄로 나뉘어 작은 글씨로 쓰여져 있다. 제1제에 대한 각 위원들의 의견은 거의 일치되었으나 약간 다른 점이 있다고 되어 있다. 제1제는 제목대로 연원, 자체, 발음의 세 부분으로 나뉘어져 있다.

1) 사열(査閱)은 '조사하거나 검열하기 위하여 하나씩 쭉 살펴본다'는 뜻이다.

원 문

淵源

本邦을 刱建[1]ᄒᆞ신 檀君時代에는 文獻이 無徵ᄒᆞ야[2] 文字의 有無를 考據[3]ᄒᆞᆯ 道가 無ᄒᆞ고 箕子時代에는 箕子가 支那人[4]으로 本邦에 來王ᄒᆞ시니 漢文이 隨入[5]ᄒᆞ야 政令事爲[6]에 自然히 需用[7]ᄒᆞᆫ지라 此로 因ᄒᆞ야 言文이 二致ᄒᆞ고 又 漢文이 國語에 混用된 者가 多ᄒᆞ며

현대어역

연원

우리나라를 건국하신 단군시대에는 문헌이 없어서 문자의 유무를 자세히 검토하여 증거로 삼을 도리가 없고, 기자 시대에는 기자가 중국인으로서 우리나라에 왕으로 오시니 한문이 뒤따라 들어와 정책과 법령, 사물과 하는 일에 자연히 수용(需用)한지라, 이로 인하여 말과 글이 두 가지 모양이고, 또 한문이 국어에 섞여 사용된 것이 많았으며

역주 · 해설

* 단군시대에는 문헌이 없어 문자의 유무를 알 길이 없으나, 기자 시대에는 한문이 들어와 말과 글이 따로 노는 언문이치(言文二致)의 상황이 초래되었음을 지적하고 있다. 이런 지적에서 기자조선(箕子朝鮮)을 인정하는 역사적 인식을 확인할 수 있지만, 언어 생활과 관련해서는 한문이 이미 삼국시대 이전부터 들어왔고, 이로 인하여 언문이치(言文二致)의 상황이 이미 오래전부터 비롯되었다는 인식을 잘 보여주고 있다.

1) 창건(刱建)에서 '刱'은 '創'과 동자(同字)이다.
2) '무징(無徵)ᄒᆞ야'는 '증명할 길이 없어'의 뜻이다.
3) 고거(考據)는 '자세히 살피고 검토하여 증거로 삼음'을 뜻한다.
4) 지나인(支那人)은 중국인을 가리키는 말이다. 〈기미독립선언서(己未獨立宣言書)〉에서도 보듯이, 당대에는 중국인을 지나인이라고 부른 기록이 많다.
5) 수입(隨入)은 '뒤따라 들어옴'을 뜻한다.
6) 정령사위(政令事爲)는 '정책과 법령과 사물과 일'을 뜻한다.
7) 수용(需用)은 '사물을 꼭 써야 할 곳에 씀, 또는 그 일이나 물건'을 뜻한다.

원 문

三韓時代를 歷ᄒᆞ야[1] 三國時代에 至ᄒᆞ야는[2] 新羅의 鄕歌[3]가 漢字의 音或 訓을 取ᄒᆞ야 歌曲을 記ᄒᆞ고 新羅統一時代에는 薛聰[4]이 又 漢字를 假借[5]ᄒᆞ야

<6b>

吏讀를[6] 作ᄒᆞ야 官府[7]와 民間에 運用ᄒᆞ니라.

현대어역

삼한시대를 지나서 삼국시대에 이르러서는 신라의 향가가 한자의 소리

[음(音)], 또는 뜻[훈(訓)]을 취하여 가곡을 기재하고, 신라통일시대에는 설총(薛聰)이 또 한자를 임시로 빌려서 이두를 만들어 정부나 관청과 민간에서 적절하게 사용하였다.

역주 · 해설

* 삼국시대와 통일신라시대에 한자를 빌려서 우리말을 표기하는 이른바 차자표기법(借字表記法)인 향가와 이두가 차례로 나왔음을 적절하게 지적하고 있다.

1) '역(歷)ᄒᆞ야'는 '거쳐서, 지나서'의 뜻이다.
2) '지(至)ᄒᆞ야는'은 '이르러서는'의 뜻이다.
3) 향가(鄕歌)는 삼국시대 말기부터 고려 초까지 존속하였던 향찰(鄕札)로 표기된 한국 고유 정형시가(定型詩歌)이다. 향가라는 명칭은 《삼국사기(三國史記)》 권11과 《삼국유사(三國遺事)》 권5, 《균여전(均如傳)》 등의 문헌에서 발견되며 중국의 사장(詞章)에 대비한 '한국의 노래'란 뜻이다. 학자들에 따라서는 이를 사뇌가(詞腦歌) · 도솔가 · 국풍(國風) · 자국지가(自國之歌)라고 하였다. 현재 남아 있는 향가 가운데 가장 오래된 것으로는 신라 진평왕(眞平王) 때인 599년 이전의 작품으로 알려진 〈서동요(薯童謠)〉를 꼽고 있으며 《삼국유사》에 14수, 《균여전》에 11수, 모두 25수가 전해지고 있다. 또한 진성여왕(眞聖女王) 때 각간(角干) 위홍(魏弘)이 《삼대목(三代目)》이라는 향가집을 만들었다고 하나 현재는 전하지 않는다.

   향가는 문학사의 귀중한 자료인 동시에 훈민정음 창제 이전의 고대 국어 연구에도 빼놓을 수 없는 중요한 자료이다. 현재 남아 있는 기록의 이두(吏讀) 표기법은 단편적 또는 한문의 변칙적 기록임에 반하여 향가는 완전한 한국어의 문장으로 엮어진 자료라는 점에서 국어사 연구에 매우 중요한 가치를 가진다. 그렇지만 이에 비례하여 해독에 어려움이 많다. 이는 향가 표기가 차자표기법(借字表記法)인 향찰에 전적으로 의존하고 있기 때문이다.
4) 설총(薛聰)은 신라 경덕왕(景德王) 때의 대학자로서, 자는 총지(聰智)이며, 아버지는 원효(元曉)이고, 어머니는 요석공주(瑤石公主)이다. 아마 6두품 출

신인 듯하다. 관직은 한림(翰林)에 이르렀다. 《증보문헌비고(增補文獻備考)》에는 경주설씨(慶州薛氏)의 시조로 기록되어 있다. 출생에 대해서는 《삼국유사》 원효불기(元曉不羈)에 자세하게 기록되어 있는데, 이에 의하면 태종무열왕 때, 즉 654~660년 사이에 출생한 듯하다.

설총은 나면서부터 재주가 많았고, 경사(經史)에 박통(博通)하였으며 우리말로 구경(九經)을 읽고 후생을 가르쳐 유학의 종주가 되었다. 그리하여 신라십현(新羅十賢)의 한 사람이요, 또 강수(强首)・최치원(崔致遠)과 더불어 신라 삼문장(三文章)의 한 사람으로 손꼽혔다. 《삼국사기》는 "우리말(方言)로 구경을 읽고 후생을 훈도하였다[以方言讀九經 訓導後生 이방언독구경훈도후생]"라 하였고, 《삼국유사》에도 "우리말(方音)로 화이(華夷)의 방속(方俗)과 물명(物名)을 이해하고 육경(六經)과 문학을 훈해(訓解)하였으니, 지금도 우리나라[海東]의 명경(明經)을 업(業)으로 하는 이가 전수(傳受)하여 끊이지 않는다."라고 하였다.

이 두 기록을 가지고 고려 말부터 조선 초에 걸쳐서 설총이두창제설(薛聰吏讀創製說)이 비롯되었으나, 이는 틀린 것이다. 이미 설총 이전에 이두로 된 문헌이 존재한 것으로 볼 때, 설총이 이두 내지 향찰을 고안했다기보다는 이들을 정리하여 후세 사람들이 이용하기 편하게 하였다는 의미로 받아들이는 것이 온당할 것이다.

5) 가차(假借)는 '임시로 빌림'의 뜻이다.

6) 이두(吏讀)는 한자의 음과 훈을 빌려 한국어를 표기한 차자표기법(借字表記法)의 하나이다. 이도(吏道)・이도(吏刀)・이두(吏頭)・이토(吏吐)라고도 한다. 넓은 뜻으로는 한자차용표기법 전체를 가리켜 향찰(鄕札)・구결(口訣) 및 삼국시대의 고유명사표기 등을 총칭하는 말로 쓰이나, 좁은 뜻으로는 한자를 한국어의 문장구성법에 따라 고치고 이에 토를 붙인 것에 한정된다.

한편 《균여전(均如傳)》에서 향가와 같은 완전한 한국어의 문장을 향찰이라고 불렀던 사실과 관련하여 향찰은 이두와 구별된다. 이두문체는 이미 삼국시대에 발달하기 시작, 통일신라시대에 표기법이 완성되어 19세기 말까지 계승되어 온 것이고, 향찰은 통일신라시대에 발달하여 고려시대까지만 사용되어온 것이므로 향찰과 이두를 시대에 따라 구별하는 것은 사실과 맞지 않는다. 또 이두는 시대에 따라 그 표기법은 발달하였으나 문어(文語)로서 보수성이 강하여 후대에 올수록 현실언어와 거리가 멀어졌다.
이두는 신라 때 설총(薛聰)이 만든 것이라는 기록이 있으나, 이두라는 표기법을 어느 한 개인이 창작하였다고 보기는 어렵고 사회 각층에서 각각 행해진 문자사용법이 시간의 경과에 따라 자연히 정착된 것으로 추측된다. 조선시대의 이두문은 주로 왕이 신하에게 내리는 글, 신하나 백성이 왕에게 올리는 상언류(上言類), 정사류(呈辭類) 등, 관(官)과 관 사이에 주고받는 첩정문(牒呈文), 관문(關文) 등에 쓰였다.

7) 관부(官府)는 '정부나 관청, 혹은 조정이나 정부'를 뜻한다.

원 문

蓋 箕子 以後로 政令事爲에 漢文을 純用ᄒᆞ야 一般國民이 普通 行用에 窒澁[1]ᄒᆞᆫ 弊가 有ᄒᆞ더니 新羅의 鄕歌와 薛聰의 吏讀가 漢字를 始借ᄒᆞ야 音符[2]와 如히 代用ᄒᆞ얏으나 尙且[3] 窒澁無稽[4]의 歎을 未免[5]ᄒᆞᆫ지라 雖然[6]이나 此가 足히 國文을 造作ᄒᆞᆯ 思想의 胚胎[7]라 ᄒᆞ깃고

현대어역

대개 기자 이후로 정책과 법령, 사물과 하는 일에 한문만을 순전히 사용하여 일반 국민이 보통 행용에 막히고 껄끄러운 폐단이 있더니, 신라의 향가와 설총의 이두가 한자를 비로소 빌려와서 소리부호처럼 대신 사용하였으나 오히려 또 질삽무계의 탄식을 면치 못하였지만, 비록 사정이 그러하나 이것이 족히 국문을 만들어 지어낼 사상의 싹을 돋아나게 한 것이라 하겠고

역주 · 해설

* 한문만을 사용한 한문순용(漢文純用)의 폐단을 지적하고, 이를 극복하기 위해 차자표기법인 향가와 이두가 나왔음을 적절히 지적하고 있다. 향가

와 이두가 국문을, 곧 우리 문자를 만들어 지어낼 사상의 싹이라고 한 지적은 탁견이라 할 수 있다.

1) 窒渋(질삽)에서 '渋'은 '澁'의 약자이며, '澁'의 본 자는 '澀'(떫을 삽)이다. 질삽은 '막히고 껄끄러움'의 뜻이다.
2) 음부(音符)는 '소리 부호'의 뜻이다.
3) 상차(尙且)는 '오히려 또'의 뜻이다.
4) 질삽무계(窒渋無稽)에서 '질삽'은 앞의 역주 1 참조. 무계(無稽)는 무근(無根)과 같은 뜻으로, '근거가 없음, 뿌리가 없음'의 뜻이다. 이 질삽무계는 《국문연구의정안》에 첨부된 최종연구안, 곧 《국문연구》에서 어윤적이 사용한 용어이다. 어윤적이 '질삽무계'라고 한 것에 대하여 주시경은 '비루무계(鄙陋無稽)'라는 용어를 사용하고 있다.
5) 미면(未免)은 '면하지 못함'의 뜻이다.
6) 수연(雖然)은 '비록 그러함'의 뜻이다.
7) 배태(胚胎)는 '아이나 새끼를 뱀'을 뜻한다.

원 문

高麗時代에는 忠宣王妃[1] 元公主가 親國[2] 往來書[3]에 畏吾兒[4]文字를 多用ᄒᆞ바 畏吾兒는 卽 古回鶻[5]이니 元國의 版圖[6]라 其文字의 如何는 未知어니와 一般國民에게는 影響이 無ᄒᆞ얏고

현대어역

고려시대에는 충선왕의 왕비인 원나라 공주가 친정 국가인 원나라와 오가는 글에서 위구르문자를 많이 사용하였다. 위구르는 곧 옛 회골이니 원나라의 영토 안에 있었는데, 그 문자의 형편이나 정도는 알 수 없지만, 일반 국민에게는 영향이 없었고

역주 · 해설

* 고려시대에 몽골족이 세운 중국 원나라의 영향권 안에 들어가면서 원나라가 사용하던 위구르문자가 고려에서도 사용되었음을 밝히고 있으나, 그 문자에 대해서 미지(未知)라고 하여 개화기에 이 문자에 관한 지식이 없었음을 또한 밝히고 있다.

1) 충선왕(忠宣王)은 고려 제26대 왕(1275~1325)으로서, 즉위 직후 교서를 발표하여 권세가의 탈세와 양민의 노비화를 금지하는 따위의 혁신 정치를 실시하였고 원나라 수도인 대도(大都)에 거주하면서 만권당을 세우고 고려와 원나라의 학자들을 모아 학문 교류에 크게 힘썼다. 1298년에 즉위하였으나, 재위 7개월만에 쫓겨났다가 1308년에 다시 즉위하여 1313년에까지 재위하였다.
2) 친국(親國)은 '친정 나라'를 뜻하는 것으로, 몽골족이 세운 중국 원나라를 가리키고 있다.
3) 왕래서(往來書)는 '오고가는 글'을 뜻한다.
4) 외오아(畏吾兒)는 '위구르(Uighur)'의 음역어이다. 위구르는 몽골 고원에서 일어나 뒤에 투르키스탄 지방으로 이주한 터키계(系)의 유목 민족으로서, 744년에 유목 국가를 건설하였으나 840년에 키르기스스탄에 멸망하였고, 지금은 중국의 신장웨이우얼 자치구(新疆維吾爾自治區)의 주요 구성 민족으로 되어 있다. 위구르문자를 쓰며 마니교를 신봉한다.

위구르문자는 소그드인이 사용했던 소그드문자를 터키계 사람들이 약간 변형시킨 표음문자로서, 4자의 모음문자, 14자의 자음문자로 되어 있다. 위구르인보다 이전의 투르크족이 고안·사용한 것으로 생각되지만, 그 기원이 된 시기는 명확하지 않다. 자료로 많이 남아 있는 것은 9세기 이후에 중앙아시아로 이주한 위구르인이 써서 남긴 마니교, 네스토리우스파 그리스도교, 불교의 경전, 경제와 관련된 증서, 계약서, 공문서 등이다. 당시에는 소그드문자를 모방하여 오른쪽에서 왼쪽으로 가로로 썼으나 점차 세로쓰기로 바뀌었으며, 특히 13세기 몽골제국시대 이후에는 초서체를 많이 사용하게 되었다. 이 문자는 몽골인에게 채용된 후 개조되어 오늘날에도 중국 내몽골자치구에서 사용되고 있다. 투르크인 세계에서는 이슬람화되어감에 따라 일부

불교경전을 제외하고는 쓰이지 않게 되었다. 만주문자는 위구르문자를 기초로 한 몽골문자를 계승한 것이다.

5) 회골(回鶻)은 중국 당나라 덕종 때의 부족 이름으로서, 회흘(回紇)이 스스로 고쳐 부른 이름이다. 회흘은 중국 수나라 때 '위구르'를 이르던 이름이다.

6) 판도(版圖)는 '한 나라의 영토'를 뜻한다. 고려시대에 위구르가 중국 원나라의 영토 안에 있었음을 말하고 있다.

원 문

本朝에 至ᄒᆞ야 世宗大王게ᄋᆞᆸ셔[1] 卽位 二十五年 癸亥(開國五十三年이오[2] 隆熙 元年前 四百六十四年)에[3] 國文[4] 二十八字ᄅᆞᆯ 新制ᄒᆞ시고 鄭麟趾 申叔舟 成三問 崔恒 等ᄋᆞᆯ 命ᄒᆞ샤 解釋ᄋᆞᆯ 詳加[5]ᄒᆞ야 一書ᄅᆞᆯ 成ᄒᆞ니 訓民

<7a>

正音[6]이라 命名ᄒᆞ시고 越三年 丙寅에[7] 民間에 頒布[8]ᄒᆞ시다

현대어역

본 조선조에 이르러서 세종대왕께옵서 즉위 25년인 1443년 계해년(개국 이후 53년이고, 융희 원년 이전 464년)에 국문 28자를 새로이 만드시고, 정인지, 신숙주, 성삼문, 최항 등에게 명하시어 해석을 상세히 덧붙여 책 한 권을 짓게 하고 이를 《훈민정음》이라 명명하시고 3년이 지난 1446년 병인년에 민간에 반포하시었다.

역주 · 해설

* 조선 세종대에 이르러 훈민정음이 창제되고 반포되었음을 밝히고 있다. 세종대왕이 직접 국문 28자를 만들었다는 인식을 보여주고 있다.

1) '-게옵셔'에서 '-옵-'은 선어말어미 '숩'으로서, 조사 형성에 선어말어미가 개재하고 있다.
2) '이오'에서 '-오'는 연결어미 '-고'가 서술격 조사 '이다'의 '이-' 뒤에서 탈락된 형태이다.
3) 현재 사용하고 있는 그레고리력에 의하면, 서기 1443년에 해당한다.《세종실록(世宗實錄)》25년(1443) 12월조에 "是月 上親制諺文二十八字…(중략)…是謂訓民正音."(이달에 임금께서 친히 언문 28자를 만들었는데, …(중략)…이것을 훈민정음이라 이른다)이라고 되어 있다. 북한은 세종 25년 12월을 양력으로 환산한 1444년 1월에 훈민정음이 창제된 것으로 보고 있다. 훈민정음의 창제와 반포 시기를 둘러싼 논의가 분분한데, 그 이유 가운데 하나로 현재 사용되고 있는 서양력이 그레고리력으로서, 1582년경부터 사용되었다는 점을 들 수 있다.
4) 여기서 '국문(國文)'이 문자로서의 '훈민정음'을 가리키고 있음을 확인한다. 문자로서의 '훈민정음'은 창제 이후 '언문(諺文)'이란 말로 더 널리 사용되어 왔다. '언문'은 당시의 문자 생활에 있어서 공식적 지위를 갖고 있던 '한문(漢文)'에 대립되는 말로 사용되었다 할 수 있다. 그러나 19세기 말엽 개화기에 접어들면서 '언문'은 그 명칭이 '국문'으로 바뀌어 사용된다. 이는 개화기 시대에 독립과 자주 의식이 고취되면서 우리의 고유 문자인 '언문'이 국가의 문자로 그 지위가 격상되었음을 의미한다. '국문'은 1894년 갑오개혁 이후《고종실록(高宗實錄)》기사부터 비로소 나타나기 시작하였으며, 갑오개혁 이후 정부 조직을 개혁하면서 학무아문(學務衙門) 내에 편집국을 설치하여 '국문철자' 등에 관한 업무를 관장토록 한데서(고종 31년 1894년 6월 28일) '국문'이 국가의 문자로 정립되었음을 확인할 수 있다.
5) 상가(詳加)는 '상세히 덧붙임'의 뜻이다.
6) 훈민정음(訓民正音)은 '백성을 가르치는 바른 소리'라는 뜻이다. 훈민정음이라고 할 때에는 두 가지의 뜻이 있음을 주의하여야 한다. 하나는 문자(文字)로서의 훈민정음이고, 다른 하나는 책자(冊子)로서의 훈민정음이다.

문자로서의 훈민정음은 1443년 세종대왕이 친히 창제한 문자의 이름으로서, 이후 언문(諺文), 언서(諺書), 반절(反切), 암클, 가갸, 국문(國文), 조선글 등 여러 명칭으로 불리다가 근자에는 '한글'로 정착되었다. 언문은 '상말을 적는 상스러운 글자'라는 뜻으로 한문(漢文)에 대하여 낮추어 부르는 속칭(俗稱)으로 창제 초기부터 널리 쓰인 이름이었다. 그러다가 개화기 시대에 민족 의식이 각성됨과 더불어 '국문(國文)'이라는 이름으로 불리다가 1913년경 이후부터 '한글'이라는 이름으로 사용되기 시작하였다. '한글'은 주시경(周時經)에 의해 만들어진 것으로 보인다.

훈민정음이 책자를 가리키는 명칭으로도 사용된 것은 세종이 훈민정음 문자를 만든 이후 정인지 등 8명의 학자에게 훈민정음이란 문자를 만든 근거와 원리를 설명하는 책을 저술하게 하였는데, 그 책의 이름을 《훈민정음》이라 하였던 데에 연유한다.

7) 1446년에 해당한다. 훈민정음의 반포를 1446년이라 한 것은 책자로서의 《훈민정음》이 나온 시기를 반포 시기로 잡았기 때문이다. 《훈민정음》은 세종 28년(1446년) 음력 9월에 간행되어 나왔다. 《세종실록》 권113의 28년 9월조 끝에서 "이 달에 훈민정음이 이룩되었다(是月訓民正音成)"라 하고 있을 뿐 아니라, 《훈민정음 해례본》의 정인지 서문 끝부분에 정통(正統) 11년 9월 상한(上澣)이라 기록되어 있어 그 사실을 쉽게 알 수 있다. 정통 11년은 세종 28년 병인에 해당하고, '상한'은 곧 '상순(上旬)'이다.

1945년 조선어학회(朝鮮語學會)는 9월 상순 가운데 늦어도 10일에는 반포된 것으로 생각되므로 9월 10일을 그 반포일이라 추산하고 이를 양력으로 환산한 10월 9일을 한글날로 삼았다. 한편 북한은 세종 25년 12월을 양력으로 환산한 1444년 1월에 훈민정음이 창제된 것으로 보고, 이 달의 중간인 1월 15일을 훈민정음 창제일로 기념하고 있다.

8) 반포(頒布)는 '세상에 널리 퍼뜨려 모두 알게 함'을 뜻한다.

원 문

舊時에 俗用ᄒᆞ던 文字가 有ᄒᆞ다 ᄒᆞ나[1] 舊時는 何代인지 未詳ᄒᆞ고 文字는 何様인지 無傳호ᄃᆡ 申景濬[2]曰 其數不備 其形無法 不足以形一方之言 而爲一方之用이라 ᄒᆞ니 此를 觀ᄒᆞ면 不完全ᄒᆞ야 文字로 看做키 不能흠을 推想[3]ᄒᆞᆯ지로다

현대어역

옛날에 민간에서 사용하던 문자가 있다고 하나, 그 옛날이 언제인지 알 수 없고, 그 문자가 어떤 모양인지 전해지지 않되, 신경준이 말하기를 "그 수가 갖추어지지 않고(완비되지 않고), 그 형체에 법식이 없어서, 한 지역의 말을 형용하고 한 지역에서 쓰이기에는 부족함이 있다"라고 했으니, 이를 살펴보면, 불완전하여 문자로 간주할 수 없었음을 미루어 짐작할 수 있겠도다.

역주 · 해설

* 이 부분은 고대문자설을 부인하고 있는 것으로서, 올바른 지적이라 할 것이다. 본문에서 신경준의 말로 인용된 것은 그의 저서인《운해(韻解)》(世稱 訓民正音韻解, 英祖 26年, 1750) 서(敍)에 들어 있는 것이다. 어윤적이 이 내용을《국문연구》에서 인용하였는데, 이 인용이《국문연구의정안》에 그대로 나와 있다.

1) 신경준의 저서인《운해(韻解)》(世稱 訓民正音韻解, 英祖 26年, 1750) 敍에 "東方舊有俗用文字(동방에 속용되던 문자가 있었다)"라는 언급이 있는데, 바로 이 언급을 인용한 것으로 보인다.
2) 신경준(申景濬, 1712~1781)은 조선 후기 문신 · 실학자로서, 학문이 뛰어나 관직 · 성률(聲律) · 의복(醫卜) · 법률 · 기서(奇書)에 통달했고, 실학사상을 바탕으로 한 고증학적 방법으로 지리학을 개척하여《팔도지도》,《동국여지도》를 완성하였다. 그가 지은《운해》는 실학 시대의 대표적인 운학 저서이다. 이 책에서 그는 표음문자로서의 훈민정음의 우수성을 강조하였으며, 설두음 문자와 설상음 문자를 새로 설정하였고, 'ᆢ' 모음자를 설정하여 그 예로 "팔(八)을 ᄋᆢ듧이라 한다[謂八曰ᄋᆢ듧]"를 제시하였다.
3) 추상(推想)은 '미루어서 생각함, 또는 그런 생각'의 뜻이다.

원 문

字體

字體는 象形[1]이니 古篆[2]을 倣造[3]훈지라 新制 其時와 由來 行用되는 書法으로 三軆를 可分이니 方圓[4]直曲의 形과 均滿平正의 畫[5]이 正體오[6] 漢字 楷書[7]의 樣과 如히 寫홈이 俗體오 捷速[8]揮灑[9]호야 聯絡不絕[10]의 形이 草軆라 훌지라

현대어역

자체

자체는 상형(象形), 곧 형상을 본뜬 것이니 옛날의 전자체(篆字體)를 본떠서 만든 것인지라, 새로이 만든 그 때와 유래되어 온 행용 서법으로 세 가지 글자체를 나눌 수 있으니, 모나고 둥글고 바르고 굽은 형태와 고르고 둥글고 평평하고 바른 획이 정체(正體)이고, 한자 해서(楷書)의 모양과 같이 쓰는 것이 속체(俗體)이고, 민첩하고 빠르게 붓을 휘둘러서 끊김이 없이 이어쓴 형태가 초체(草體)라 할 것이니라.

역주 · 해설

* 이 부분은 자체(字體)에 대해 언급하고 있다. "자체(字軆)는 상형(象形)이니, 고전(古篆)을 방조(倣造)훈지라"는 정인지(鄭麟趾)가 《훈민정음》 서(序)에서 행한 언급을 가져온 것이다. 당시 자체(字體)가 범자(梵字)에서 왔다는 주장, 곧 범자기원설(梵字起源說)의 주장이 있었고, 실제로 이능화(李能和)가 《국문연구》에서 이에 대한 언급을 하고 있으며, 〈제1·2회

의결〉에서도 '범서(凡書)'와의 직간접적인 관련성이 있다고 하였으나, 여기서는 반영되지 않고 있다.

1) 상형(象形)은 모양을 본떴다는 것인데, 1940년 발견된 《훈민정음 해례본》의 제자해(制字解)를 통해 훈민정음의 제자 원리가 상형임을 구체적으로 알게 되었다.

제자해에 의하면, 초성(初聲)은 발음기관을 상형대상으로 삼아 조음위치(調音位置)마다 한 음씩을 기본글자로 삼아 제자하였는데, 기본글자 5자 ㄱ, ㄴ, ㅁ, ㅅ, ㅇ의 상형은 다음과 같이 이루어졌다. ㄱ은 아음(牙音), 곧 '어금닛소리'로서 '혀뿌리가 목구멍을 막는 꼴'을 본뜨고, ㄴ은 설음(舌音), 곧 '혓소리'로서, '혀가 윗잇몸에 붙는 꼴'을 본뜨고, ㅁ은 순음(脣音), 곧 '입술소리'로서, '입모양'을 본뜨고, ㅅ은 치음(齒音), 곧 '잇소리'로서, '이의 모양'을 본뜨고, ㅇ은 후음(喉音), 곧 '목소리'로서, '목의 모양'을 본떴다 등과 같이 기록되어 있다.

이처럼 초성은 발음기관을 상형대상으로 삼아 기본을 다섯으로 정한 반면에, 중성, 곧 모음자(母音字)는 천(天)·지(地)·인(人) 삼재(三才)를 상형해 제자하여 기본을 셋으로 정하였는데, '·'(아래 아)는 하늘[天], 'ㅡ'는 땅[地], 'ㅣ'는 사람[人]이 서 있는 모양을 본떠 만들었다.

2) 고전(古篆)은 옛 중국에서 한자를 표기하는 데 쓰던 서체의 하나인 전자(篆字)를 말한다. 자체(字體)가 통일되지 않고 그 모양도 완전히 정제되지 않은 서체로 흔히 대전(大篆)과 소전(小篆)으로 나눈다. 대전은 주나라 말에서 진(秦)나라 때까지 통용되었고 소전은 진시황이 문자를 통일할 때 쓴 서체로 한대에까지 썼다. 학자에 따라서는 대전만을 고전에 넣기도 한다.

3) 방조(倣造)는 '본떠서 지음'을 뜻한다.

4) 방원(方圓)은 '모진 것과 둥근 것'을 아울러 이르는 말이다.

5) '畫'는 '그을 획'(劃)의 통용자로 사용되었다.

6) '정체(正體)오'는 '정체+이(서술격 조사)+고(연결어미)'의 구성으로 이루어진 것이다. 곧 서술격 조사 '이다'의 '이-'가 탈락되고, 연결 어미 '-고'의 'ㄱ'이 탈락된 것이다.

7) 해서(楷書)는 한자 서체의 하나. 정서(正書) 또는 진서(眞書)라고도 한다.

일점 일획을 정확히 독립시켜 쓴 것으로 파책이 없고 방정하다. 예서(隸書)에서 변화, 발달되었으며, 후한(後漢) 말에 나타나 위·진(魏晉) 이후 독립된 서체로 완성되었다. 남북조(南北朝)에는 방필(方筆)과 운봉산(雲峰山)이 뛰어나고, 당(唐)나라 때 우세남(虞世南)·구양순(歐陽詢)·저수량·안진경(顔眞卿) 등 4대가가 배출되어 해서의 전형이 되었다. 그 뒤로는 이들에 필적할 만한 작품이 없다. 대표작으로는 우세남의 《공자묘당비(孔子廟堂碑)》, 구양순의 《구성궁예천명(九成宮醴泉銘)》, 저수량의 《안탑성교서(雁塔聖敎序)》, 안진경의 《근례비(勤禮碑)》, 《가묘비(家廟碑)》 등이 있다.

8) 첩속(捷速)은 '민첩하고 빠름'의 뜻이다.

9) 휘쇄(揮灑)는 '휘호(揮毫)'와 같은 단어다. 붓을 휘두른다는 뜻으로, 글씨를 쓰거나 그림을 그림을 이르는 말이다.

10) 연락부절(聯絡不絶)은 '서로 이어 대 줄이 끊이지 않음'의 뜻이다.

원 문

<7b>

初聲[1]字中 ㅇ ㆆ[2] ㅿ[3] 三字는 其音이 ㆁ[4]字와 相混無別[5]됨으로 後來에 滅除不用[6]ᄒᆞ니라

현대어역

초성자 가운데 'ㅇ', 'ㆆ', 'ㅿ' 세 글자는 그 소리가 'ㆁ'자와 서로 혼동되어 구별되지 않으므로 나중에 소멸되어 사용되지 않았다.

역주·해설

* 이 부분은 제2제에서 다루어지는 내용의 일부분이다. 《훈민정음 해례본》에 의하면, 'ㅇ', 'ㆆ'(여린히읗)은 후음(喉音), 'ㅿ'은 반치음(半齒音), 'ㆁ'은 아음(牙音)으로 구별된다.

1) 초성(初聲)은 음절의 첫머리에 오는 자음을 설명하기 위하여 《훈민정음 해례본(訓民正音解例本)》에서 붙인 이름이다. 즉 한 음절의 구성요소를 '자음+모음+자음'으로 보고, 이 가운데 첫머리의 자음을 초성이라 하였고, 모음을 중성(中聲), 마지막 자음을 종성(終聲)이라 하였다.

초성의 제자(制字)는 상형(象形)으로 아(牙)·설(舌)·순(脣)·치(齒)·후(喉)의 발음기관에서 조음(調音)될 때의 모습을 본떠 기본자를 만들었고, 여기에 획을 더하여 나머지 글자를 만들었다. 훈민정음 창제 당시는 모두 17자였는데(ㄱ·ㅋ,ㆁ, ㄷ·ㅌ·ㄴ, ㅂ·ㅍ·ㅁ, ·ㅈ·ㅊ·ㅅ, ㅇ·ㆆ·ㅎ, ㄹ, ㅿ), 'ㆆ'(여린히읗), 'ㅿ(반치음)', 'ㆁ(옛이응)'이 사용되지 않게 되어 1933년 〈한글맞춤법 통일안〉이 공포되면서 자음 14자 'ㄱ, ㄴ, ㄷ, ㄹ, ㅁ, ㅂ, ㅅ, ㅇ, ㅈ, ㅊ, ㅋ, ㅌ, ㅍ, ㅎ'으로 정비되었다.

2) 'ㆆ'은 《훈민정음》의 초성 체계에서 'ㅇ, ㅎ, ㆅ' 등과 함께 후음(喉音)에 해당하는 것으로서, 'ㅇ'보다 된소리라 하여 '된이응'이라 일컬어지기도 하고, 'ㅎ'보다 여린 소리라 하여 '여린히읗'이라고도 일컬어지는데, 후자의 명칭이 더 통용되는 명칭이다. 창제 초기부터 국어 음 표기에는 거의 사용되지 않다가 《훈몽자회(訓蒙字會)》(1527년, 중종 22)의 초성자에서는 보이지 않게 되었다.

3) 'ㅿ'은 '반치음'이라고 일컬어진다. 반치음에 대해서는 후술 참조.

4) 'ㆁ'은 '옛이응'이라고 불리어진다.

5) 상혼무별(相混無別)은 '서로 뒤섞여 구별되지 않음'을 뜻한다.

6) 멸제불용(滅除不用)은 '없어져서 쓰이지 않음'을 뜻한다.

원 문

同字竝書[1] 六字中 ㄲ ㄸ ㅃ ㅆ ㅉ 五字는 後來에 初聲合用則竝書[2]의 例로 ㅲ ㅳ ㅄ ㅶ로도 用ᄒᆞ고 ㅺ ㅼ ㅽ ㅆ로도 用ᄒᆞ며 ㆅ字는 ㅎ字와 相混됨으로 初用 旋廢[3]ᄒᆞ니라

현대어역

동자병서(同字幷書), 곧 같은 글자를 병서한 6자 가운데 'ㄲ', 'ㄸ', 'ㅃ', 'ㅆ', 'ㅉ' 5자는 후래에 초성합용즉병서(初聲合用則幷書), 곧 초성을 합용하여 병서한 예로 'ㅲ', 'ㅳ', 'ㅄ', 'ㅶ'으로도 사용하고, 'ㅺ', 'ㅼ', 'ㅽ', 'ㅾ'으로도 사용하며, 'ㆅ'자는 'ㅎ'자와 서로 혼동되므로 초기에 사용되다가 나중에 없어졌다.

역주 · 해설

* 이 부분은 제3제에서 다루어지는 내용이다. 동자병서(同字幷書)는 《훈민정음》에서의 각자병서(各自竝書)에 해당한다. 각자병서와 합용병서가 함께 사용되어 왔음을 지적하고 있다. 그러나 이러한 지적은 각자병서와 합용병서가 구별되어 사용되었었다는 국어사적 인식에 이르지 못하고 있음을 말해주고 있다. 또한 합용병서에 있어서도 ㅅ계 합용병서와 ㅂ계 합용병서가 있었으며(ㅄ계도 있음), 이 둘 간에도 구별이 있을 수 있다는 인식에는 이르지 못하고 있음을 보이고 있다. 한편 각자병서 'ㆅ'과 'ㅎ'이 훈민정음 초기 문헌에서는 변별적으로 사용되었는데, 가령 우리말의 '·혀'는 '舌'의 뜻이 되고, '·ㆅ녀'는 '引'의 뜻이 되어 구별되어 사용되었다. 그럼에도 불구하고 《국문연구의정안》에서 'ㆅ'이 'ㅎ'과 서로 혼동되었다고 한 것은 'ㆅ'의 사용 기간이 너무 짧아 제대로 인식하지 못한 것일 것이다.

1) 동자병서(同字幷書)는 《훈민정음》에서의 각자병서(各自竝書)에 해당하는 것이다. 병서란 초중종성(初中終聲)에서 수평적으로 결합하여 쓰는 것을 이르는 말로서, 《훈민정음 해례본》에 따르면 동일한 문자를 수평 결합하여 쓰는 것은 각자병서(各自竝書)이고, 서로 다른 문자를 수평 결합하여 쓰는 것은 합용병서(合用竝書)이다.

각자병서는 《훈민정음 해례본》 합자해(合字解)에 의하면 'ㄲ, ㄸ, ㅃ, ㅆ,

ㅉ, ㆅ' 등으로서 첫소리에만 나타난다고 하였다. 이들은 한자음 전탁(全濁)의 표기에 쓰였으며, 이 가운데 ㅆ과 ㆅ만이 국어 단어의 어두음(語頭音) 표기에 쓰였고, 나머지는 형태소가 결합될 때에 쓰였다. 각자병서는《원각경언해(圓覺經諺解)》 이후, 즉 15세기 후반부터 쓰이지 않게 되었다. 그리하여 'ㆅ, ㅆ'마저도 자취를 감추었는데, 'ㅆ'은 16세기에 들어 부활되었다.

15세기 훈민정음 창제 당시 각자병서의 음가가 된소리 표기인지 아닌지에 대해서는 국어 음운 연구에 있어서 중요한 논의 쟁점이 된다.

2) 초성을 합용하여 병서한 것으로는 2자 합용과 3자 합용이 있는데,《훈민정음 해례본》의 합자해에 그 보기를 들어 ㅅ계열의 대표로 'ᄯᅡ', ㅂ계열의 대표로 'ᄧᅡᆨ', ㅄ계열의 대표로 'ᄢᅳᆷ'을 들고 있다. 15세기 문헌에는 초성합용병서로서 2자 합용에 ㅅ계열로 ㅺ, ㅼ, ㅽ, (ㅆ), ㅂ계열로 ㅲ, ㅄ, ㅶ, ㅷ, 3자 합용에 ㅄ계열로 ㅴ, ㅵ 등이 나타난다.

이들의 음가에 대해서《국문연구의정안》은 각자병서와 더불어 같은 음가를 나타내고 있는 것으로 인식하고 있지만, ㅅ계열은 된소리, ㅂ계열 및 ㅄ계열은 중세국어에 존재했던 어두자음군(語頭子音群)을 표기했던 것으로 짐작된다. 16세기 이후 세 계열의 합용병서의 구별이 무너지기 시작한다.

3) 초용 선폐(初用旋廢)는 '처음에는 쓰이다가 폐지되었음'을 뜻한다.

원 문

脣輕音[1] 四字는 漢字母[2]의 音을 對照ᄒᆞᆷ이오 國語音에는 無ᄒᆞᆷ으로 暫用[3] 旋廢[4]ᄒᆞ니라

현대어역

순경음 4자는 한자 자모의 음을 대조하기 위함이고, 국어의 소리에는 없으므로 잠시 사용되다가 없어졌다.

역주 · 해설

* 이 부분은 제2제에서 다루어지는 내용의 일부분이다. 순경음 4자는 'ᄝ, ᄫ, ᄬ, ᅗ'의 4글자로서, 이들이 한자(漢字) 자모(字母)를 나타나는 데 사용된 것은 올바른 지적이지만, 이 가운데 'ᄫ'은 훈민정음 초기문헌에서 국어를 표기하는 데 사용되었는데, 이런 사실을 당시 위원들이 인식하지 못했음을 보여주고 있다.

1) 순경음(脣輕音)은 《훈민정음》에서 순음(脣音) 'ㅁ, ㅂ, ㅃ, ㅍ' 아래 'ㅇ'을 연서(連書)하여 표시한 음으로서, 'ᄝ, ᄫ, ᄬ, ᅗ' 등을 말한다. 중국 운학(韻學)의 경순음(輕脣音)에 해당하는 것으로 보이나, 《훈민정음》 또는 《동국정운(東國正韻)》의 초성체계에는 들지 못하고 규정 끝에 가서 부록과 같이 간략한 설명으로 처리되었다. 순경음 'ᄝ, ᄬ, ᅗ'은 한자음이나 중국음의 표기에 사용되었으나, 'ᄫ'은 실제로 국어표기에 사용되었다.

순경음에 해당하는 중국 운학의 경순음은 중순음(重脣音, [b], [p], [ph], [m] 등이 이에 해당한다)에 대응되는 것으로 그 음가는 중국어에서 순치음 [f]였던 것으로 추정된다. 한국어에서 유일하게 사용된 순경음은 'ᄫ'인데, 그 음가는 양순유성마찰음 [β]이었던 것으로 추정된다.

2) 한자모(漢字母)는 중국의 자모(字母)란 뜻이다. 여기서 사용된 자모는 중국 음운학에서의 용어로서 한글이나 알파벳에서 자모라 일컫는 것과 다른 뜻이며, 한글의 초성에 해당하는 것이다. 중국 성운학(聲韻學)에서는 한 음절의 첫머리를 성모(聲母)라 하고 나머지 부분은 운모(韻母)라 하였는데, 자모는 동일한 성모를 가진 글자들 가운데에서 한 글자를 골라 그 대표로 삼은 글자이다. 예를 들어 '東 /tuŋ/'에서 /t-/가 성모, /-uŋ/이 운모이다. 조선의 세종과 학자들은 중국의 이분법 대신 삼분법을 고안하여 자음을 초성 · 중성 · 종성으로 파악하였는데, 이 경우 초성이 성모, 곧 자모에 해당된다.

3) 잠용(暫用)은 '잠시 사용됨'을 뜻한다.

4) 선폐(旋廢)는 '없어지게 됨'의 뜻이다.

원 문

終聲[1]은 復用初聲의 例가 有홈으로 初聲十七字[2]를 幷히 終聲에 通用ᄒᆞ더니 後來에 ㄱ ㄴ ㄷ ㄹ ㅁ ㅂ ㅅ ㆁ 八字만 初終聲에 通用[3]ᄒᆞ고 其餘는 初聲에만 獨用[4]ᄒᆞ며 其通用字中에도 ㄷ字는 ㆁ初聲의 承接[5]을 除
<8a>
ᄒᆞᆫ 外에는 ㅅ字와 發音이 相似ᄒᆞ기로 近俗에는 ㅅ字로만 專用ᄒᆞ니라.

현대어역

종성은 초성을 다시 사용한 예가 있으므로 초성 17자를 함께 종성에 두루 사용하더니 후래에 'ㄱ, ㄴ, ㄷ, ㄹ, ㅁ, ㅂ, ㅅ, ㆁ' 여덟 자만 초성과 종성에 두루 사용하고 그 나머지는 초성에만 홀로 사용하며, 그 두루 사용한 문자 가운데에서도 'ㄷ'자는 'ㆁ' 초성의 앞에서 사용된 것을 제외하고는 'ㅅ'자와 발음이 비슷하기로 근래에는 'ㅅ'자로만 사용되고 있다.

역주 · 해설

* 이 부분은 제5제에 해당하는 부분이다. 《훈민정음》에서 종성부용초성(終聲復用初聲)이라 한 것은 제자해(制字解)에 나타난 언급으로서, 종성에 대한 문자를 따로 만들지 않고, 초성의 문자를 다시 사용한다고 규정한 것인데, 여기서는 이 구절을 초성 17자를 종성, 곧 받침 표기에 두루 사용했던 것을 말하는 것으로 잘못 인식하고 있음을 보이고 있다. 그리고 《훈민정음》의 8종성가족용(八終聲可足用)에 대한 이해를 하지 못한 채 팔종성법이 후래에 생긴 것으로 이해하고 있다.

한편, 'ㄱ, ㄴ, ㄷ, ㄹ, ㅁ, ㅂ, ㅅ, ㆁ'을 받침으로 쓰던 팔종성법이 근대국어 이후 'ㄷ'을 'ㅅ'으로 받침 표기하는 칠종성법의 관례로 굳어졌음을 지적하고 있다.

1) 종성(終聲)은 《훈민정음 해례본(訓民正音解例本)》에서 붙인 이름으로서, 한 음절의 구성요소를 '자음+모음+자음'으로 보고, 이 가운데 음절의 끝에 오는 자음 또는 그 자음에 대한 문자를 이르는 말이다. 《훈민정음 해례본》은 종성부용초성(終聲復用初聲)이라 하여 종성에 대한 문자를 따로 만들지 않고 초성의 문자를 다시 쓰도록 규정하였다. 제자해(制字解)에서는 하나의 음절이 초・중・종성의 3요소로 이루어짐을 밝혔고, 종성해(終聲解)에서는 종성이 초성・중성을 이어받아 자운(字韻)을 이룬다고 하였으며, 또 국어의 음절은 동국정운(東國正韻)식 한자음 표기와 달리 ㅇ종성 없이도 음을 이룰 수 있다고 하였다. 또 종성을 'ㄱ, ㆁ, ㄷ, ㄴ, ㅂ, ㅁ, ㅅ, ㄹ'로 한정한 팔종성가족용(八終聲可足用)을 규정하고 있다. 훈민정음 창제 무렵에는 이들 여덟 종성 이외에도 'ㅿ, ㅸ'도 종성으로 쓰였지만, 적어도 받침 표기에 관한 한, 《훈민정음》의 규정은 종성은 초성을 다시 사용한다는 '종성부용초성'이 아니라, 8종성만 사용할 수 있다는 '팔종성가족용'인 것이다.

2) 《훈민정음 해례본》에서의 초성 17자는 아음(牙音) ㄱ・ㅋ・ㆁ, 설음(舌音) ㄷ・ㅌ・ㄴ, 순음(脣音) ㅂ・ㅍ・ㅁ, 치음(齒音) ㅈ・ㅊ・ㅅ, 후음(喉音) ㆆ・ㅎ・ㅇ, 반설음(半舌音) ㄹ, 반치음(半齒音) ㅿ이다. 이 가운데 ㆆ(여린히읗), ㅿ(반치음), ㆁ(옛이응)은 후에 소실되었고, 1933년 〈한글맞춤법 통일안〉이 공포되면서 초성은 14자음으로 정비된다.

3) 초종성통용(初終聲通用)은 1527년(중종 22) 최세진(崔世珍)이 어린이들의 한자(漢字) 학습을 위하여 지은 책인 《훈몽자회(訓蒙字會)》에 나오는 말로서, 'ㄱ, ㄴ, ㄷ, ㄹ, ㅁ, ㅂ, ㅅ, ㆁ'의 8자가 초종성에 두루 사용됨을 지적한 것으로서, 《훈민정음 해례본》의 팔종성가족용(八終聲可足用)을 바꿔 말한 것이라 할 수 있다.

4) 초성독용(初聲獨用) 역시 위 역주 3)의 《훈몽자회》에 나오는 말로서, 훈민정음 창제 당시 17자 중, 초성통용의 8자와 ㆆ을 제외한 나머지 8자 곧 ㅋ, ㅌ, ㅍ, ㅈ, ㅊ, ㅿ, ㅇ, ㅎ 등이 종성에는 사용되지 않고 초성에만 사용됨을 지적한 것이다.

5) 승접(承接)은 '앞에서 받아 뒤로 이어 줌'을 뜻한다.

원 문

訓民正音에 舌音 齒音 諸字가 皆是[1] 一樣[2]이오 區別이 本無[3]ᄒᆞ더니 後來에 舌音은 縱畫長[4]과 橫畫長[5]의 二體에 分ᄒᆞ고 齒音은 左戾長[6]과 右戾長[7]의 二體에 分ᄒᆞ얏으니 近來 行用에는 此別[8]이 無ᄒᆞ고 後來에 脣輕音 ㅸ字의 變體로 ◇字를[9] 新制ᄒᆞ얏으나 亦히 行用됨이 無ᄒᆞ니라.

현대어역

훈민정음에 설음과 치음의 여러 문자들이 모두 다 한 모양이고 구별이 본래 없더니 후래에 설음은 세로획이 긴 종획장과 가로획이 긴 횡획장의 두 글자체로 나누고, 치음은 왼편을 길게 뻗은 좌려장과 오른편을 길게 뻗은 우려장의 두 글자체로 나누었으나, 근래 행용에는 이런 구별이 없다. 후래에 순경음(脣輕音) ㅸ자의 변체로 '◇'자를 새로이 만들었으나, 역시 행용됨이 없느니라.

역주 · 해설

* 훈민정음 창제 당시 만들어진 초성 17자 이외에 후대에 만들어진 문자들이 있었으나, 이들의 실제 사용이 없음을 밝히고 있는 부분이다.

설음 'ㄴ, ㄷ, ㅌ, ㄸ'을 종획장, 곧 세로획이 긴 것과 횡획장, 곧 가로획이 긴 것으로 나누어 문자를 새로 만든 것은 신경준의 《운해》에서였다. 이 문자들은 중국의 한자음을 표시하기 위해 만들어진 것으로서, 종획장의 설음은 설상음(舌上音)을 나타내기 위해 'ㄷ, ㄸ, ㅌ, ㄴ'의 세로획을 길게 위로 뻗어 모양을 만든 것(ㄷ, ㄸ, ㅌ, ㄴ)이고, 횡획장의 설음은 설두음(舌頭音)을 나타내기 위해 'ㄷ, ㄸ, ㅌ, ㄴ'의 가로획을 길게 옆으로 뻗어 모양을 만든 것이었다. 중국의 운서에는 설음이 설두음과 설상음으로 구분되는데, 훈민정음의 설음은 중국 운서에서의 설두음에 대체로 일치한다.

치음 'ㅈ, ㅊ, ㅉ, ㅅ, ㅆ'자를 좌려장 'ᅎ, ᅔ, ᅏ, ᄼ, ᄽ'자와 우려장 'ᅐ, ᅕ, ᅑ, ᄾ, ᄿ'자로 나누어 전자는 중국 한자음의 치두음(齒頭音) 표기에, 후자는 정치음(正齒音) 표기에 사용한다고 한 것은 이미 《훈민정음》에 나와 있는 것인데, 국문연구소의 위원들은 이 글자들이 후래에 만들어진 것으로 잘못 인식하고 있다.

한편, '◇'자는 박성원(朴性源, 1697~1767)이 《화동정음통석운고(華東正音通釋韻考)》(1747년, 영조 23)에서 순음(脣音)자의 하나로 새로 만든 문자인데, 이 역시 위 설두음과 설상음, 치두음과 정치음 표기에 사용되는 문자와 더불어 후대에 사용됨이 없음을 위원들은 지적하고 있다.

1) 개시(皆是)는 '모두 다'의 뜻이다.
2) 일양(一樣)은 '한결같은 모양, 또는 같은 모양'을 뜻한다.
3) 본무(本無)는 '본래 없음'의 뜻이다.
4) 종획장(縱劃長)은 '세로획이 긴 것'을 뜻한다. 신경준이 그의 저서 《운해》에서 중국 한자음의 설상음을 나타내기 위해 기존 설음 'ㄴ, ㄷ, ㅌ, ㄸ'의 세로획을 위로 길게 뻗어 만든 문자를 가리키고 있다.
5) 횡획장(橫劃長)은 '가로획이 긴 것'을 뜻한다. 신경준이 그의 저서 《운해》에서 중국 한자음의 설두음을 나타내기 위해 기존 설음 'ㄴ, ㄷ, ㅌ, ㄸ'의 가로획을 옆으로 길게 뻗어 만든 문자를 가리키고 있다.
6) 좌려장(左戾長)은 《훈민정음》에서 중국 한자음의 치두음을 표기하기 위해 치음 'ㅈ, ㅊ, ㅉ, ㅅ, ㅆ'의 왼편을 길게 뻗어 'ᅎ, ᅔ, ᅏ, ᄼ ᄽ'과 같은 모양으로 만든 것을 지적하기 위해 사용된 말이다. 치두음은 중국어에서 혀끝을 윗니 뒤에 가까이 하고 내는 치음이다.
7) 우려장(右戾長)은 《훈민정음》에서 중국 한자음의 정치음을 표기하기 위해 치음 'ㅈ, ㅊ, ㅉ, ㅅ, ㅆ'의 오른편을 길게 뻗어 'ᅐ ᅕ ᅑ ᄾ ᄿ'과 같은 모양으로 만든 것을 지적하기 위해 사용된 말이다. 정치음은 혀를 말아 아래 잇몸에 가까이 하고 내는 치음이다.
8) 차별(此別)은 '이런 구별'을 뜻한다.

9) '◇'자는 박성원(朴性源, 1697~1767)이 《화동정음통석운고(華東正音通釋韻考)》(1747년, 영조 23)에서 순음(脣音)자의 하나로 새로 만든 문자이나, 그 음가에 대해서는 아무런 구체적 설명을 하지 않고, 범례에서 'ㆁ, ㅇ, ◇'자는 소리가 서로 비슷하게 나온다고 언급하고 있다. 또한 이 '◇'자의 용례를 제시하고 있는데, '문(文), 물(物), 문(問), 미(尾)' 자 등의 중국음 표기에서 이 문자를 사용하고 있다. 이 글자들의 중국음이 현재 /wen/ 또는 /wu/이므로, 아마도 이 '◇'자는 반모음 /w/를 표기하려고 한 것 같다.(강신항, 1983:73 참조) 《국문연구의정안》은 이 글자를 순경음 'ㅱ'자의 변체(變體)로 보고 있다.

한편, 금영택(琴榮澤, 1739~1790)의 《만우재집(晩寓齋集)》에서는 이 '◇'이 그 음(音)이 뚜렷하지 못하여, 'ㅁ'(脣音)의 소변이(小變異)에 지나지 않는 것이므로, 중국음에는 소용이 있어도 우리 음에는 소용이 없으니, 굳이 이것을 구별할 필요가 없다고 하고 있다. '◇'음을 'ㅁ'의 작은 변이(變異)이라 본 것은, 그도 그 음가(音價)를 반모음 [w]로 인정한 것인 듯하다(강신항, 1983:91).

원 문

中聲字中 ·字의 副韻[1] 卽 拗音[2]으로 後來에 ·字를 幷書ᄒᆞᆫ ᆢ字를 加設ᄒᆞ얏으나 亦히 行用됨이 無ᄒᆞ니라.

현대어역

중성자 중 '·'자의 부운, 즉 요음으로 후래에 '·'자를 병서한 'ᆢ'자를 더 만들었으나 역시 행용됨이 없다.

역주·해설

* 신경준의 《운해(韻解)》에서 처음 이 'ᆢ' 글자를 만들었다. 그는 이 문자의 음이 방언에만 존재한다고 하여(이때 방언은 우리나라 고유음이

라는 뜻임.) '팔(8)'을 'ᄋᆞᄃᆞᆲ'이라 한다[謂八曰ᄋᆞᄃᆞᆲ]고 하였다. 류희(柳僖, 1773~1837)는 《언문지(諺文志)》(1824년, 순조 24)에서 이 모음의 음가가 극히 모호하여 별로 소용이 없으며, 전시대의 사람이 짓지 않은 자를 새로 쓸 필요가 없다고 하여 불필요론을 내세웠다.(강신항, 1983:115 참조)

1) 부운(副韻)은 반모음 혹은 활음(滑音)을 지칭하는 개념인 듯하다.
2) 요음(拗音)은 여기서는 반모음 [j]가 들어가 있는 음, 곧 이중모음을 뜻한다.

원 문

發音

字母[1]는 初聲 中聲 終聲의 三種이 有ᄒᆞᆫ바 其發音은 訓民正音에 漢字
<8b>
의 音을 切取ᄒᆞ야 某々字의 初聲 或 中聲과 如ᄒᆞ다 ᄒᆞ셧더니[2] 訓蒙字會[3]에 ㄱ을 其役[4] ㅏ를 阿 等으로 名呼[5]ᄒᆞ야 諸事가 一遵[6]ᄒᆞ고 國文字母分解[7]에 更히[8] ㄱ을 그ᄋᆞᆨ[9]이라 改稱[10]ᄒᆞᄃᆡ 行用됨이 無ᄒᆞ고 中聲은 改稱ᄒᆞᆷ이 無ᄒᆞ니라

현대어역

발음

자모는 초성, 중성, 종성의 세 종류가 있는바, 그 발음은 훈민정음에 한자의 음을 잘라내어 이런 저런 한자의 초성 혹은 중성과 같다 하셨더니, 《훈몽자회》에 ㄱ을 '기역(其役)', ㅏ를 '아(阿)' 등으로 이름을 불러 이와 관련된 모든 일이 지키고 받들어 어기지 아니하고, 《국문자모분해》에 다시 ㄱ

을 '그윽'이라 고쳐 일컫되 행용됨이 없고 중성은 고쳐 일컬음이 없느니라.

역주 · 해설

* 이 부분은 한글 자모의 명칭에 대한 기술로서, 제8과제에 해당하는 부분이다. 《훈몽자회》에서 ㄱ을 '기역'이라 하고, ㅏ를 '아'라 한 것은 그 사용례를 보여 준 것에 불과한 것이었는데, 이를 명칭을 부여한 것으로 인식해온 관행을 하고 그대로 반복하고 있다. 한편 《국문자모분해(國文字母分解)》에서 ㄱ을 '그윽'이라 한 것은 종성의 경우에 한정된 것이었다.

1) 여기서 자모(字母)는 "한 개의 음절을 자음과 모음으로 갈라서 적을 수 있는 낱낱의 글자"의 뜻으로 사용되고 있다. 자음 자모와 모음 자모, 쌍자모와 복자모 따위가 있다. 중국 음운학에서는 동일한 성모(聲母)를 가진 글자들 가운데에서 한 글자를 골라 그 대표로 삼은 글자를 자모라고 하는데, 이는 한글의 초성에 해당하는 것이다.

2) 훈민정음 문자를 새로이 만들어 처음으로 공개되는 상황이기 때문에 그 음가(音價)를 제시해야 하는데, 당시 공식 문자였던 한자(漢字)를 통하여 제시하였음을 지적하고 있다.

《훈민정음 해례본》의 예의를 보면, 초성자는 "'ㄱ'는 연구개음이니 君(군)자의 처음 나는 소리와 같으니 나란히 쓰면 虯(규)자의 처음 나는 소리와 같으니라.[ㄱ 牙音 如君字初發聲 竝書 如虯字初發聲]"와 같이 제시하였고, 이런 방식으로 초성자의 음가를 제시하는 데 사용된 한자들은 다음과 같다.(한자음 가운데, 앞에 제시한 것은 현재 한자음이며, 뒤에 제시한 것은 《훈민정음 해례본》에 나온 그대로 옮겨 온 것으로서, 이른바 동국정운식 한자음이다.)

ㄱ 君(군/군), ㄲ 虯(규/뀨ᇹ), ㅋ 快(쾌/쾌ᇹ), ㆁ 業(업/ᅌᅥᆸ)
ㄷ 斗(두/두ᇹ), ㄸ 覃(담/땀), ㅌ 呑(탄/ᄐᆞᆫ), ㄴ 那(나/낭)
ㅂ 彆(별/벼ᇙ), ㅃ 步(보/뽕), ㅍ 漂(표/표ᇦ), ㅁ 彌(미/밍)
ㅈ 卽(즉/즉), ㅉ 慈(자/ᄍᆞᆼ), ㅊ 侵(침/침), ㅅ 戌(술/수ᇙ), ㅆ 邪(사/썅)
ㆆ 挹(읍/ᅙᅳᆸ), ㅎ 虛(허/헝), ㆅ 洪(홍/ᅘᅩᆼ), ㅇ 欲(욕/욕)

ㄹ 閭(려/령), ㅿ 穰(양/샹)

중성자는 "'·'는 '呑(탄)'자의 중성과 같으니라.[· 如呑字中聲]"와 같은 방식으로 제시하였는데, 이런 방식으로 중성자의 음가를 제시하는 데 사용된 한자들은 다음과 같다.

· 呑(탄/튼), ㅡ 即(즉/즉), ㅣ 侵(침/침),
ㅗ 洪(홍/홍), ㅏ 覃(담/땀), ㅜ 君(군/군), ㅓ 業(업/업),
ㅛ 欲(욕/욕), ㅑ 穰(양/샹), ㅠ 戌(술/슗), ㅕ 彆(별/볋)

이상에서 보듯이, 중성자의 음가를 제시하는 데에 사용된 한자들은 모두 초성자를 제시하는 데 이미 사용된 한자들로 교묘하게 배려하였음을 알 수 있다. 이 글자들은 《훈민정음 해례본》의 해례에서도 계속 동원되면서 설명을 보충하는 예로서 사용된다.

이 뒤를 이어 "종성은 초성을 다시 사용한다"는 이른바 '종성부용초성(終聲復用初聲)' 규정이 나온다. 이를 두고서 받침의 표기에 모든 종성을 다 사용할 수 있다는 받침 규정인 것으로 잘못 이해한 경우도 없지 않았다. 그러나 이 규정은, 앞의 초성·중성의 음가에 대한 제시에 뒤이어 종성에 대한 음가를 제시해야 하나 따로 종성 글자를 만들지 않고 초성 글자를 다시 가져다 사용함을 명시한 것으로 이해하는 것이 온당할 것이다.

3) 《훈몽자회(訓蒙字會)》는 1527년(중종 22) 최세진(崔世珍)이 어린이들의 한자(漢字) 학습을 위하여 지은 책으로 이후 여러 차례 간행되었다. 원본(原本)은 전하지 않고 1613년(광해군 5)에 간행된 것이 가장 오래된 책이다. 예전에 한자 학습을 위해 쓰였던 《천자문(千字文)》, 《유합(類合)》 등의 내용이 일상생활과 거리가 멀고 추상적이어서 학습하기에 불편함이 많음을 비판하고, 구체적인 사물을 통해 한자의 음과 뜻을 쉽게 익혀 배울 수 있도록 만들었다.

상·중·하 3권으로 나누고 4자 유취(類聚) 33항의 물목(物目)으로 갈라 배열하였으며 언문(諺文), 곧 한글로 음과 뜻을 달았다. 상권에 천문(天文)·지리·화품(花品) 등 16문, 중권에 인류(人類)·궁택(宮宅)·관아(官衙) 등

16문으로 주로 전실자(全實字)를 수록하였고 하권에 잡어(雜語)라 하여 반실반허자(半實半虛字)를 실어 각권 1,120자씩 총 3,360자를 실었다. 생활주변에 흔히 볼 수 있는 사물을 다루어 국문을 보급하는 데 기여하였으며 또한 한자를 국역해 놓아 16세기 초 중세국어 어휘 연구에 귀중한 문헌이다.

특히 상권 책머리의 〈범례(凡例)〉에 훈민정음을 언문(諺文)·반절(反切)이라 부르고 〈언문자모(諺文字母)〉라 하여 당시 한글 체계와 용법에 대한 간단한 설명을 해놓았다. 훈민정음 28자 가운데 'ᅙ'이 빠진 27자를 초성종성통용팔자(初聲終聲通用八字), 초성독용팔자(初聲獨用八字), 중성독용십일자(中聲獨用十一字)로 나누고, 각 글자의 용례를 보였는데, 가령 'ㄱ'은 초성과 종성에 두루 쓰이므로, 초성에 쓰이는 '기(其)'의 예와 종성에 쓰이는 '역'(役)의 예를 들고, 'ㅍ'은 초성에만 쓰이므로 '피(皮)'의 예만 들어 놓았다.

이런 범례는 어떤 강제력을 가진 규정이 아니라, 범례를 보인 것에 불과한데, 이후 실학 시대를 거치면서 한글 자모의 명칭이 《훈몽자회》에 나타난 범례와 비슷하게 정립되게 된다. 가령 현행 한글맞춤법에서 한글 자모 'ㄱ'의 명칭을 '기역'이라고 한 역사적 근거가 바로 《훈몽자회》의 범례에 있는 것이다. 그리고 한글맞춤법의 자모 배열 순서 또한 초성종성통용팔자 'ㄱ, ㄴ, ㄷ, ㄹ, ㅁ, ㅂ, ㅅ, ㆁ', 초성독용팔자 'ㅋ, ㅌ, ㅍ, ㅈ, ㅊ, ㅿ, ㅇ, ㅎ', 중성독용십일자 'ㅏ, ㅑ, ㅓ, ㅕ, ㅗ, ㅛ, ㅜ, ㅠ, ㅡ, ㅣ, ㆍ'로 된 《훈몽자회》 범례의 배열 순서와 거의 비슷하게 정립되었다.

4) '기역(其役)'은 《훈몽자회》 범례에서 'ㄱ'이 초성과 종성에 두루 쓰이므로, 초성에 쓰인 예로 '기(其)'를 제시하고, 종성에 쓰인 예로 '역(役)'을 제시하였던 것인데, 이런 예시가 후대에 한글 자모의 이름으로 굳어지게 되었다. 현행 한글맞춤법에서 다른 자음들에 명칭을 부여한 방식대로 'ㄱ'을 '기윽'이라 하지 않고, '기역'이라 한 역사적 근거가 바로 여기에 있는 것이다.

5) 명호(名呼)는 '이름을 부름'을 뜻한다.

6) 일준(一遵)은 '지키고 받들어서 어기지 아니함'을 뜻한다.

7) 국문자모분해(國文字母分解)는 1860년대(고종 초) 강위(姜瑋)가 지은 《동문자모분해(東文字母分解)》를 달리 부르는 이름이다. 《의정국문자모분해(擬定國文字母分解)》라고도 한다. 원본은 현재 전하지 않으며 필사본이 등재된 2종류가 남아 있는데, 김윤경(金允經)의 《조선문자급어학사(朝鮮文字及語學

史)》(1938)에 수록된《동문자모분해》(1869)와 이능화(李能和)의《국문연구안(國文硏究案)》(1907)에 수록된《의정국문자모분해》(1864)가 있다. 후자의 책명에서 '의정'은 개정안이라는 뜻인데, 여기서 '국문'이라는 말은 그 시대 상황으로 보아 있기 어렵다. 원 책명은《동문자모분해》인데, 여기서《국문자모분해》로 바뀐 것으로 추측된다.

이 책은 한글 초성(初聲) 16자, 중성(中聲) 11자, 종성(終聲) 8자 각각의 특성을 밝히고, 나아가 그것들이 합음(合音)·집음(集音)되어 성자(成字)하는 과정을 설명하였다.

내용은 크게 동문35자모분해와 동문37자모분해로 나뉜다. 이 두 자모의 차이는 ㅈ, ㅊ의 설정 여부에 따라 나뉘는데, 구개음화(口蓋音化)에 의하여 '자, 차'행이 '다, 타'행에 포함되어 있는 동문35자모분해는 1860년대 당시의 일반적인 현실음을 분석한 것으로 보이며, 동문37자모분해는 그와 같은 사투리를 고치기 위해 마련된 개정안으로 짐작된다. 내용 구성은 동문35자모분해가 동문삼십오자모도(東文三十五字母圖), 초성발음상형설(初聲發音象形說), 자모의 호칭과 합음수(合音數), 동문집음구십구운(東文集音九十九韻)과 중국어의 122운, 변이(變異)와 변와(變訛) 등의 순으로 서술되어 있다. 동문37자모분해는 37자모의 호칭과 합음수, 초중종삼음성자도(初中終三音成字圖) 등의 순으로 서술되어 있다.

이 책은 자모의 명칭에 있어서 초성을 '그, 느, 드, 르…' 식으로, 종성을 '기윽, 니은, …' 식으로 구분하고 있다. 그리고 자모의 순서에 있어서는 자음의 경우, 후음·아음·치음·설음·순음의 순서인 'ㅇ, ㅎ, ㄱ, ㄲ, ㅋ, ㅅ, ㅆ, ㅈ, ㅊ, ㄴ, ㄷ, ㄸ, ㅌ, ㄹ, ㅁ, ㅂ, ㅃ, ㅍ'로 되어 있으며, 모음은 'ㅏ, ㅑ, ㅓ, ㅕ, ㅗ, ㅛ, ㅜ, ㅠ, ㅡ, ㅣ, ·'의 순으로 되어 있다. 종성은 따로 'ㄱ, ㄴ, ㄷ, ㄹ, ㅁ, ㅂ, ㅅ, ㅇ'의 순으로 되어 있다.

8) '경(更)히'는 '다시'라는 뜻이다.

9)《동문자모분해》에는 '그윽'이 아니라, '기윽'이라 되어 있다.

10) 개칭(改稱)은 '이름이나 칭호 따위를 고침' 또는 '그 이름이나 칭호'를 뜻한다. 주로 사람이 아닌 대상의 이름을 고칠 경우에 쓴다.

원 문

初聲中 ㅇ ㆆ ㅿ 와 ㆁ는 訓民正音에 欲初聲[1] 挹初聲[2] 穰初聲[3]과 業初聲[4]의 別이 有ᄒᆞ고 訓蒙字會에 伊ㅇ 而ㅿ와 異ㆁ의 別이 有호ᄃᆡ 初雖稍異[5]나 大體 相似ᄒᆞᆷ으로 前三字를 減除不用[6]ᄒᆞ니라

현대어역

초성 가운데 ㅇ, ㆆ, ㅿ와 ㆁ는 《훈민정음》에 욕초성(欲初聲), 읍초성(挹初聲), 양초성(穰初聲)과 업초성(業初聲)의 구별이 있었고, 《훈몽자회》에 '이(伊) ㅇ', 'ᅀᅵ(而) ㅿ'와 'ᅌᅵ(異) ㆁ'의 구별이 있었다. 비록 처음에는 조금씩 차이가 있었으나 대체로 서로 비슷하므로 앞의 세 글자를 없애고 사용하지 않았다.

역주 · 해설

* 이 부분은 제2제에서 다루어지는 내용의 일부분이다. 《훈민정음》에 의하면, 'ㅇ, ㆆ'은 후음(喉音), 'ㅿ'은 반치음(半齒音), 'ㆁ'은 아음(牙音)으로서, 각각 구별되던 것이었다. 《훈몽자회》에서 'ㅇ, ㆆ, ㅿ'은 초성독용팔자에, 'ㆁ'은 초종성통용팔자에 해당된다.

1) 《훈민정음》 〈예의〉에 나온 'ㅇ'에 대한 음가(音價) 규정은 "ㅇᄂᆞᆫ 목소리니 欲욕 字ᄍᆞᆼ 처ᅀᅥᆷ 펴아 나ᄂᆞᆫ 소리 ᄀᆞᄐᆞ니라('ㅇ'은 후음이니 '욕(欲)' 자의 처음 나는 소리와 같으니라)"와 같이 되어 있다.
2) 《훈민정음》 〈예의〉에 나온 'ㆆ'에 대한 음가(音價) 규정은 "ㆆᄂᆞᆫ 목소리니 挹ᅙᅳᆸ 字ᄍᆞᆼ 처ᅀᅥᆷ 펴아 나ᄂᆞᆫ 소리 ᄀᆞᄐᆞ니라('ㆆ'은 후음이니 '읍(挹)' 자의 처음 나는 소리와 같으니라)"와 같이 되어 있다.
3) 《훈민정음》 〈예의〉에 나온 ㅿ에 대한 음가(音價) 규정은 "ㅿᄂᆞᆫ 半반니쏘리니 穰ᅀᅣᇰㄱ 字ᄍᆞᆼ 처ᅀᅥᆷ 펴아 나ᄂᆞᆫ 소리 ᄀᆞᄐᆞ니라('ㅿ'은 반치음이니 '양(穰)'자

의 처음 소리와 같으니라)"와 같이 되어 있다.

4) 《훈민정음》〈예의〉에 나온 ㆁ에 대한 음가(音價) 규정은 "'ㆁ'는 엄쏘리니 業업 字ᄍᆞᆼ 처ᅀᅥᆷ 펴아 나는 소리 ᄀᆞᄐᆞ니라(ㆁ은 아음이니 '업(業)'자의 처음 나는 소리와 같으니라)"와 같이 되어 있다.

5) 초수초이(初雖稍異)는 '비록 처음에는 조금 다르더라도'의 뜻이다.

6) 멸제불용(滅除不用)은 '없어져서 쓰이지 않음'을 뜻한다.

원 문

中聲中 ·字의 發音은 訓民正音에 如呑字中聲[1]이라 ᄒᆞ고 訓蒙字會에 思不用初聲이라 ᄒᆞ얏으니 其音이 ㅡ字와 近似호ᄃᆡ 國語音으로는 成音키 難ᄒᆞ거늘 今俗에는 訛誤[2]ᄒᆞ야 ㅏ字 發音과 混疊[3]ᄒᆞ니라

현대어역

중성 가운데 '·' 자의 발음은 《훈민정음》에 '탄(呑)'자의 중성과 같다 하고, 《훈몽자회》에 "초성에 사용되지 않는 것으로 생각된다"(思不用初聲)라 하였으니 그 소리가 'ㅡ'자와 근사하되, 국어음으로는 소리를 이루기 어렵거늘 오늘날 습속에는 그릇되고 잘못되게 'ㅏ'자 발음과 혼첩되어 사용되느니라.

역주 · 해설

* 이 부분은 제4과제의 일부에 해당된다. '·'가 국어음으로는 소리를 이루기 어렵고, 'ㅏ'와 혼첩되어 사용됨을 지적하고 있다. 당시 '·'가 이미 음운으로서의 기능을 상실하였음을 지적하고 있는 것이지만, 제4과제의 의결에서는 '·'자를 폐지하지 않기로 결정하는 모순을 보이고 있다.

1) 《훈민정음》〈예의〉에 나온 '·'에 대한 음가(音價) 규정은 "·는 呑ᄐᆞᆫㄷ 字

쫑 가온뒷소리 ᄀᆞᄐᆞ니라('ㆍ'는 '탄(呑)' 자의 중성과 같으니라.)"로 되어 있다.

2) 와오(訛誤)는 '그릇되고 잘못됨'의 뜻이다.

3) 혼첩(混疊)은 '섞이고 겹쳐짐'의 뜻이다.

원 문

<9a>

初聲 諸字는 發音의 作用되은 部門으로 牙舌脣齒喉半舌半齒의 七音을 區別ᄒᆞ얏더니 後來에 舌音[1]의 橫畫長字[2]는 舌頭音[3]이라 ᄒᆞ고 縱畫長字[4]는 舌上音[5]이라 ᄒᆞ며 齒音[6]의 左戾長字[7]는 齒頭音[8]이라 ᄒᆞ고 右戾長字[9]는 正齒音[10]이라 ᄒᆞ얏으나 諸字가 行用됨이 無홈으로 空論[11]에 止ᄒᆞ고 ㅿ字는 元來 半齒音[12]이더니 後世에 半喉音[13]으로 變稱[14]홈이 有ᄒᆞ니라

현대어역

초성의 여러 글자들은 발음이 작용되는 부문으로 아음, 설음, 순음, 치음, 후음, 반설음, 반치음의 일곱 음을 구별하였더니, 후래에 설음의 가로획을 길게 뻗은 문자는 설두음이라 하고, 세로획을 길게 뻗은 문자는 설상음이라 하며, 치음의 왼편획을 길게 뻗은 문자는 치두음이라 하고, 오른편획을 길게 뻗은 문자는 정치음이라 하였으나, 이 글자들이 실제 사용됨이 없으므로, 공론에 그치고 'ㅿ'자는 원래 반치음이더니 후세에 반후음으로 이름을 바꾸었다.

역주 · 해설

* 초성을 구별하고 있는 부분이다. 발음이 작용되는 부문으로 초성을 구별하였다는 것은 옳은 지적이다. 중국 음운학의 36자모체계에서는 설음을 설두음과 설상음으로 구별하여 분류하지만, 우리나라에서는 《훈민정음》이든 《동국정운(東國正韻)》이든 간에 이에 대한 구별을 행하지 않았다. 설음을 설두음과 설상음으로 나누고, 각각 설음의 가로획과 가로획을 길게 뻗은 문자를 만든 것은 신경준의 《운해》에서 시도된 것이다. 또한 중국 음운학에서 치음을 치두음과 정치음으로 나눈 구별은 《훈민정음》의 초성 체계에는 보이지 않는다. 그러나 중국 한자음을 표기하기 위해서 치음의 왼편획과 오른편획을 길게 뻗은 문자를 만들어 구별한 것은 《훈민정음》에서 확인할 수 있다.

반후음(半喉音)이라는 용어는 《훈민정음》에는 없던 것으로서, 'ㅿ'자를 반후음으로 분류해 놓은 것은 박성원(朴性源, 1697~1767)의 《화동정음통석운고(華東正音通釋韻考)》(1747년, 영조 23)에서 확인된다.

1) 설음(舌音)은 《훈민정음》에서 자음을 조음위치에 따라 분류한 초성 오음(初聲五音)의 하나로서 '혓소리'라고도 한다. 'ㄷ, ㄸ, ㅌ, ㄴ'이 이에 속하는데, '斗(두), 覃(담), 呑(탄), 那(나)'의 초성에 각각 해당된다. 기본자로 제시한 'ㄴ'은 "상설부상악지형(象舌附上齶之形 : 혀끝이 윗잇몸에 닿는 형상을 본뜸.)"이라 하였는데, 이에 따르면 설음은 윗잇몸에 혀를 붙여내는 소리가 된다. 중국음운학의 용어를 수용한 것이다. 설음은 전청(全淸), 전탁(全濁), 차청(次淸), 불청불탁(不淸不濁) 등의 조음 방법에 따라 'ㄷ, ㄸ, ㅌ, ㄴ' 등으로 각각 나누었다.

중국 음운학의 36자모체계에서는 설음을 설두음(舌頭音)과 설상음(舌上音)으로 나누어, 설두음에 '端母(全淸), 透母(次淸), 定母(全濁), 泥母(不淸不濁)' 등을 분류시키고, 설상음에 '知母(全淸), 徹母(次淸), 澄母(全濁), 孃母(不淸不濁)' 등을 세우고 있다.

2) 종획장(縱劃長)은 '세로획이 긴 것'을 뜻한다. 신경준이 그의 저서 《운해》에서 중국 한자음의 설상음을 나타내기 위해 기존 설음 ㄴ, ㄷ, ㅌ, ㄸ의 세로

획을 위로 길게 뻗어 만든 문자를 가리키고 있다.

3) 설두음이란 현대 음성학에서 혀끝과 윗잇몸으로 조음하여 내는 치경음(齒莖音)에 해당하는 것으로 보인다.

4) 횡획장(橫劃長)은 '가로획이 긴 것'을 뜻한다. 신경준이 그의 저서 《운해》에서 중국 한자음의 설두음을 나타내기 위해 기존 설음 ㄴ, ㄷ, ㅌ, ㄸ의 가로획을 옆으로 길게 뻗어 만든 문자를 가리키고 있다.

5) 설상음이란 현대 음성학에서 혀끝을 말아올려 혀끝과 윗잇몸 뒤쪽 사이에서 조음하여 내는 권설음(捲舌音)에 해당하는 것으로 보인다.

6) 치음(齒音)은 윗앞니에 혀끝을 대고 발음하는 소리로서, 현대 국어에서 'ㄷ, ㅌ, ㄸ, ㄴ' 등이 이에 해당하지만, 이 글에서 사용된 치음은 《훈민정음》에서 자음을 조음위치에 따라 분류한 초성 오음(初聲五音)의 하나인 치음으로서 'ㅅ, ㅆ, ㅈ, ㅉ, ㅊ'을 가리키는 말로 사용되고 있다. 《훈민정음》에서는 중국 음운학을 받아들여 'ㅅ, ㅆ, ㅈ, ㅉ, ㅊ'을 묶어 치음으로 분류하였고, 'ㄷ, ㄸ, ㅌ, ㄴ'은 설음(舌音)으로 따로 분류하였다.

치음의 기본 글자는 'ㅅ'인데, 《훈민정음 해례본》 〈제자해〉에 의하면 이 글자는 '이의 모양을 본떠서[상치형(象齒形)]' 만든 것이고, 이로부터 소리의 세기에 따라 획을 더해서 'ㅈ, ㅊ'을 만들고, 나란히 써서 'ㅆ, ㅉ' 등의 글자를 만들었다.

중국 음운학의 36자모체계에서는 치음을 치두음(齒頭音)과 정치음(正齒音)으로 나누어, 치두음에 '精母(전청), 淸母(차청), 從母(전탁), 心母(전청), 邪母(전탁)' 등을 분류하고 정치음에 '照母(전청), 穿母(차청), 牀母(전탁), 審母(전청), 禪母(전탁)' 등을 분류하였다.

7) 좌려장(左戾長)은 《훈민정음》에서 중국 한자음의 치두음을 표기하기 위해 치음 'ㅈ, ㅊ, ㅉ, ㅅ, ㅆ'의 왼편을 길게 뻗어 'ᅎ, ᅔ, ᅏ, ᄼ ᄽ'과 같은 모양으로 만든 것을 지적하기 위해 사용된 말이다.

8) 치두음(齒頭音)은 중국어에서 혀끝을 윗니 뒤에 가까이 하고 내는 치음이다.

9) 우려장(右戾長)은 《훈민정음》에서 중국 한자음의 정치음을 표기하기 위해 치음 'ㅈ, ㅊ, ㅉ, ㅅ, ㅆ'의 오른편을 길게 뻗어 'ᅐ ᅕ ᅑ ᄾ ᄿ'과 같은 모양으로 만든 것을 지적하기 위해 사용된 말이다.

10) 정치음(正齒音)은 중국어에서 혀를 말아 아래 잇몸에 가까이 하고 내는 치

음이다.

11) 공론(空論)은 '실속이 없는 빈 논의를 함. 또는 그 이론이나 논의'를 뜻한다.

12) 반치음(半齒音)은 《훈민정음》 또는 《동국정운》의 초성(初聲) 체계 가운데 'ㅿ'의 명칭으로서, '반잇소리'라고도 한다. 그 음가는 유성마찰음 [z]로 추정되고 있다. 중국음운학에서 자모(字母)를 '아(牙)·설(舌)·순(脣)·치(齒)·후(喉)'음으로 분류하고 다시 반치음과 반설음의 두 반음을 추가하여 칠음(七音)으로 분류한 것을 《훈민정음》과 《동국정운》에서 받아들인 것으로, 반치음은 'ㄴ, ㅁ, ㅇ, ㄹ' 등과 함께 유성자음에 해당되는 불청불탁(不淸不濁)으로 분류하였다.

이 반치음은 훈민정음이 창제된 뒤부터 16세기 말까지 국어와 한자음 표기에 쓰였는데, 국어에서는 '처ᅀᅥᆷ'(>처음)에서 보듯이 유성음(有聲音) 환경에서 주로 쓰였으며, '나라ᇙ일훔'에서 보듯이 사잇소리 표기로도 사용되었고, '而ᅀᅵᆼ, 耳ᅀᅵᆼ, 穰ᅀᅣᆼ'에서 보듯이 한자음의 초성 표기에 사용되었다. 《두시언해(杜詩諺解)》 초간본(初刊本)에는 반치음 'ㅿ'자가 쓰였으나, 중간본(重刊本)에는 소멸된 것으로 보아 16세기 초·중엽에 우리말에서 소멸된 것으로 보인다.

13) 반후음(半喉音)은 《훈민정음》에는 없던 용어이다. 'ㅿ'자를 반후음으로 분류해 놓은 것은 박성원(朴性源, 1697~1767)의 《화동정음통석운고(華東正音通釋韻考)》(1747년, 영조 23)에서 확인된다.

14) 변칭(變稱)은 '고쳐서 달리 부름, 또는 그런 이름'의 뜻이다.

원 문

又 平上去入1) 四聲2)의 別이 有ᄒᆞ야 字의 左傍3)에 点4)의 有無多少로 准ᄒᆞ얏으나 國語音에는 如此ᄒᆞᆫ 細別5)이 無ᄒᆞ고 但 高低二音으로 票ᄒᆞ니 低音 卽 平聲은 無点이오 高音 卽 上去聲은 一点을 左加ᄒᆞ얏고 挽近6) ᄒᆞ야는 書寫上7)에 不便ᄒᆞᆷ을 因ᄒᆞ야 廢止ᄒᆞ니라

현대어역

또 평성, 상성, 거성, 입성의 사성의 구별이 있어서 글자의 왼쪽 곁에 점

이 있고 없음, 많고 적음으로 정하였으나, 국어음에는 이와 같은 세세한 구별이 없고, 단지 고저의 두 음으로 나타내니, 저음 즉 평성은 점이 없고, 고음 즉 상성 및 거성은 점 하나를 왼편에 덧붙였으나, 최근에 이르러서는 글을 쓰기에 불편함으로 인하여 폐지하였다.

역주 · 해설

* 이 부분은 제7과제에 해당하는 것으로서, 《훈민정음》에서 국어의 성조를 평성, 상성, 거성, 입성으로 나누고 이를 구별하기 위하여 방점을 찍은 사실을 언급하고 있다. 그러나 《훈민정음》에서는 상성은 글자 왼편에 점을 두 개 찍어서, 하나를 찍은 거성과 구별하였는데, 여기서는 상거성이 모두 점 하나를 찍은 것으로 해 놓았다. 또한 성조의 구별이 국어의 소리에는 없다고 하였지만, 《훈민정음》을 만든 당시의 국어에는 성조의 구별이 분명히 존재하였으며, 그 흔적은 경상 방언 등에 일부 남아 있고, 또 표준어에서는 소리의 길이 차이로 그 흔적이 남아 있다. 가령, 표준어에서 장음(長音)으로 발음되는 '눈'[설(雪)]은 중세 국어 문헌에서는 상성이었고, 단음(短音)으로 발음되는 '눈'[안(眼)]은 평성이었다.

1) 평상거입(平上去入)은 평성(平聲), 상성(上聲), 거성(去聲), 입성(入聲)을 말한다. 평성(平聲)은 낮은 소리이고, 상성(上聲)은 처음이 낮고 나중이 높은 소리이며, 거성(去聲)은 높은 소리이다. 입성(入聲)은 소리의 높낮이와는 별도로, 종성이 'ㄱ, ㄷ, ㅂ' 등으로 끝나는 음절들을 묶은 것이다.
'평상거입'은 중국의 운학 용어를 빌어서 사용한 것이지만, 《훈민정음》에서는 당시 국어의 실정에 맞게 중국과는 달리 사용하였다. 가령 중국에서의 거성은 '높았다가 낮은 것으로 돌아가는 소리'인데, 《훈민정음》에서의 거성은 '가장 높은 소리'가 되고, 중국에서의 평성은 '평탄하고 완만한 성조'를 지칭하는 것인데 《훈민정음》에서는 '가장 낮은 소리'를 지칭하는 것으로 바꾸어 놓았다.
2) 사성(四聲)이란 《훈민정음》에서, 중세 국어의 성조를 중국의 전통적 술어인

평성, 상성, 거성, 입성을 적용하여 네 종류로 나눈 것을 통틀어 이르는 말로서, 글자 왼쪽 곁에 방점을 찍어 표시하였다. 성조란 음절을 발음할 경우의 고저(때로는 장단과 강약)에 관한 음조(音調)의 형식을 말한다.

3) 좌방(左傍)은 '왼쪽 곁'을 뜻한다.

4) 방점은 평성, 상성, 거성 등과 같은 성조를 구별하기 위하여 글자의 왼쪽에 찍어 놓은 둥근 점을 말한다. 글자 왼편에 점이 없는 것은 평성이고, 점을 하나 붙이면 거성, 두 개를 붙이면 상성을 나타내는 것이었다. 《훈민정음 해례본》에서는 성조를 구별하여 나타내기 위하여 글자 왼쪽에 점을 더한다고만 했을 뿐, 방점이라는 용어는 사용하지 않았다. 그런데 근대의 연구들에서 이 점을 방점이라 부른 후 차차 널리 쓰이게 되었다. 방점 표기는 17세기에 이르러 소멸되었다.

5) 세별(細別)은 '사물을 종류별로 자세하게 구별함'을 뜻한다.

6) 만근(挽近)은 '몇 해 전부터 현재까지의 기간'을 뜻하는 만근(輓近)과 같은 뜻으로 사용되고 있다.

7) 서사(書寫)는 '글씨를 베낌'의 뜻이나, 여기서는 '글을 씀'의 뜻으로 사용되고 있다.

원 문

<9b>

音에 又 全次淸濁[1]의 別이 有ᄒᆞ니 此는 其 音韻의 輕重深淺을 分ᄒᆞ얏으나 訓民正音에는 定例가 無ᄒᆞ고 且後 慣用上에도 此에 注意ᄒᆞ는 者가 別無ᄒᆞ니라

현대어역

소리에 또 전청, 차청, 전탁, 차탁의 구별이 있으니, 이는 그 소리의 가볍고, 무겁고, 깊고, 얕은 것을 나눈 것이었으나, 《훈민정음》에는 정해진 예

가 없고, 또 이후 실제 관용상에서도 이에 주의하는 자가 없었다.

역주 · 해설

* 이 부분은 제6과제에 해당하는 것이다. 《훈민정음》에서는 중국의 음운학을 받아들여 초성을 전청, 차청, 전탁, 불청불탁 등으로 나누었는데, 여기서는 《훈민정음》에 정해진 예가 없다고 하고 있다.

1) 전차청탁(全次淸濁)은 전청(全淸), 차청(次淸), 전탁(全濁), 차탁(次濁) 등을 말하는데, 이들 용어들은 중국 음운학에서 가져온 것이다. 중국 음운학에서는 성모, 곧 자음을 조음 방식에 따라 분류할 때 청탁(淸濁), '맑고 흐림'의 용어를 이용하였는데, 《훈민정음》에서는 이를 받아들이되, 전청, 차청, 전탁, 불청불탁(不淸不濁)이란 용어를 채택하였다.

《훈민정음》의 초성 체계에서 전청이란 'ㄱ, ㄷ, ㅂ, ㅅ, ㅈ, ㆆ' 등과 같은 평음, 즉 무성무기음(無聲無氣音)에 공통되는 음성적 특질을 이르는 말이고, 차청이란 'ㅋ, ㅌ, ㅍ, ㅊ, ㅎ' 등과 같은 유기음, 즉 무성유기음(無聲有氣音)에 공통되는 음성적 특질을 말한다. 전탁은 전청자를 나란히 쓴 'ㄲ, ㄸ, ㅃ, ㅆ, ㅉ, ㆅ' 따위에 공통되는 음성적 특질을 이르는 말이다. 이 전탁자는 《훈민정음》의 17초성에는 포함되지 않았으나, 《동국정운》의 23자모에는 포함되었다. 이밖에도 불청불탁(不淸不濁)도 있었는데, 이는 비음(鼻音) 'ㄴ, ㅁ, ㆁ' 등과 유음(流音) 'ㄹ'을 지칭하는 것이었다.

원 문

上述ᄒᆞᆫ바 字體及發音의 沿革은 或* 國語音에 無홈을 因ᄒᆞ며 或 發音의 相似홈을 因ᄒᆞ며 或 書寫上에 便宜홈을 因ᄒᆞ며 或 成音에 難홈을 因ᄒᆞ야 或 滅除 或 廢止 或 混疊에 至ᄒᆞ니라

---

* '혹(或)'은 오른편에 가필되어 있다. 등사본 《국문연구의정안》에는 가필되지 않고 본칸에 쓰여 있다.

현대어역

상술한바 자체 및 발음의 연혁은 혹 국어음에 없음으로 인하여, 혹은 발음의 비슷함으로 인하여, 혹은 글을 쓰는 데 불편함으로 인하여, 혹은 소리내기에 어려움으로 인하여 혹은 없어지고 혹은 폐지되고 혹은 중첩되어 사용됨에 이르렀다.

역주 · 해설

* 제1과제를 마무리짓고 있는 부분이다.

원 문

二 初聲中 ㆁ ㆆ ㅿ ◇ ㅱ ㅸ ㆄ ㅹ 八字의 復用 當否

本題에 對ᄒᆞ야 復用[1]이 不當ᄒᆞ다 ᄒᆞᆷ은 各委員의 意見이 一致ᄒᆞᆷ

현대어역

2. 초성 중 'ㆁ, ㆆ, ㅿ, ◇, ㅱ, ㅸ, ㆄ, ㅹ' 여덟 문자를 다시 사용할지 여부

본제에 대하여 다시 사용함이 부당하다 함은 각 위원의 의견이 일치하였음.

역주 · 해설

* 제2제에 대한 의결은 제3·4회 의결록에 나타나 있다. 분주에 의하면, 이 연구문제에 대해서 위원들이 그 사용이 부당한 것으로 만장일치 의결한 것으로 되어 있다.

1) 부용(復用)은 '다시 씀'의 의미이다.

원 문

ㆁ ㆆ ㅿ 三字中 ㆁ는 現用ᄒᆞ는 者이오 ㅇ字가 見廢[1]ᄒᆞᆫ 者이니 玆에 ㅇㆆㅿ로 訂正ᄒᆞ야 復用 當否를 論ᄒᆞ노라

현대어역

'ㆁ, ㆆ, ㅿ' 세 글자 가운데 'ㆁ'은 현재 사용하는 것이고, 'ㅇ'자가 폐지된 것이니, 이에 'ㅇ, ㆆ, ㅿ'로 정정하여 다시 사용할지 여부를 논하노라.

역주 · 해설

* 제2제의 제목에서는 'ㆁ'이라 되어 있는 것을 이제부터 'ㅇ'으로 바꿔 논의하겠다는 언급을 하고 있다. 그런데 이 제2제에 대해 의결을 한 제3·4회 의결록에는 "ㆁ, ㆆ, ㅿ, ◇, ㆅ, ㅱ, ㅸ, ㆄ, ㅹ 9자는 다시 사용함이 부당함(ㆁ ㆆ ㅿ ◇ ㆅ ㅱ ㅸ ㆄ ㅹ 九字는 復用ᄒᆞᆷ이 不當ᄒᆞᆷ)"이라 되어 있다. 곧 여기서도 'ㆁ'의 사용이 부당하다고 했었는데, 이런 당초의 의결을 《국문연구의정안》에서 바꿔 버리고 있는 것이다. 위원 가운데 이민응, 윤돈구를 제외한 모든 위원이 'ㆁ'자를 폐지하고 'ㅇ'자를 사용하자고 주장하였음에도 이렇게 바뀐 것은 어윤적 위원의 영향인 것으로 보인다.(李基文 1970: 107 및 李光浩 19:104 참조) 한편, 제3·4회 의결록에서는 'ㆅ'자를 포함한 9자에 대해 의결했는데, 여기서는 'ㆅ'자를 제외한 8자를 다루고 있는 차이점도 발견할 수 있다. 'ㆅ'자는 다음의 제3제에서 다루어진다.

1) 견폐(見廢)는 '폐지됨'의 뜻이다.

원 문

<10a>

ㅇ ㆆ ㅿ 三字는 前題에 論述홈과 如히 其音이 ㆁ와 相混[1]ᄒᆞ야 自然 滅除[2]되고 ㆁ 一字로만 通用ᄒᆞ는 慣例가 成홀ᄲᅮᆫ 不是라[3] 國語音에 必要가 無ᄒᆞ니 復用[4]홈이 不當ᄒᆞ고

현대어역

'ㅇ, ㆆ, ㅿ' 세 글자는 앞의 논제에서 논술함과 같이 그 소리가 'ㆁ'과 서로 뒤섞여 자연히 없어지고, 'ㆁ' 한 글자로만 통용하는 관례가 있을 뿐 아니라, 국어음에 필요가 없으니 다시 사용함이 부당하고,

역주 · 해설

* 《훈민정음》에 의하면, 'ㅇ', 'ㆆ'은 후음에 해당하고, 'ㅿ'은 반치음에 해당하는 것이며, 'ㆁ'은 아음에 해당하는 것이다.

이 가운데 'ㆆ'은 《훈민정음》 창제 당시부터 관형사형 어미 '-(ᄋᆞ/으)ㄹ'을 표기할 때 '-ᄋᆞᇙ/-읈'으로 표기하는 등 극히 일부분의 분포를 제외하면, 국어음의 표기에는 사용되지 않았으며, 그마저도 1462년 《능엄경언해(楞嚴經諺解)》까지 나타나다가 1463년 《법화경언해(法華經諺解)》부터 일시에 사용되지 않았다.

'ㆁ'은 《훈민정음》에서 초성자로 제정되어 《훈민정음》 초성체계에 들어 있지만, 실제로 초성에서 연구개 비음 [ŋ]로 발음되었는지는 의심스러운 측면이 많다. 15세기 중엽의 문헌들에서는 초성의 위치에서 사용된 'ㆁ'은 앞음절의 종성이 연철되어 뒷음절의 초성으로 나타나는 것들이었고(예: 스승을(=스승 + 을) → 스스ᅌᅳᆯ), 이후 '스승을'과 같이 분철 표기되

게 되면서 'ㆁ'은 거의 종성의 위치에서만 나타나고, 종성의 위치에 나타나던 'ㆁ'마저도 'ㅇ'으로 표기되는 관습이 굳어져, 사실상 문자의 소실로 이어지게 된다.

이리하여 'ㅇ'은 종성에서의 'ㆁ'을 대체하여 사용됨에 따라 초성에서는 아무런 음가가 없지만, 종성에서는 연구개 비음의 음가를 가지는 것으로 바뀌게 된다.

한편 'ㅿ'은 [z]음을 나타내는 것으로 추정되는데, 후대에 이 음가가 소실되면서 음가가 없는 'ㅇ'으로 바뀌어 표기되게 된다.

따라서, 《국문연구의정안》에서 'ㅇ', 'ㆆ', 'ㅿ'이 서로 뒤섞였다는 것은 결과론적인 해석에 불과하다. 무엇보다 이들이 'ㆁ'(옛이응) 한 글자로만 통용되는 관례가 있을 뿐이라고 한 지적은 적절하지 못한 지적이다. 오히려 'ㅇ'(이응) 한 글자로만 통용되는 관례가 있다고 한다면, 결과론적이기는 하지만 온당한 지적이 되었을 것이다.

1) 상혼(相混)은 '서로 뒤섞임'이란 뜻이다.
2) 멸제(滅除)는 '줄어져 없어짐'의 뜻이다.
3) '불시(不是)라'는 '아니라'의 뜻이다.
4) '부용(復用)'은 '다시 사용함'의 뜻이다.

원 문

◇字는 卽 脣輕音[1] ㅱ字의 變體니 其本字 ㅱ가[2] 旣有[3]ᄒᆞ즉 此의 復用當否는 下述에 讓ᄒᆞ노라

현대어역

'◇'자는 즉 순경음 'ㅱ'자의 변체이니 기본자 'ㅱ'이 이미 있으므로, 이를 다시 사용할지 여부는 아래 기술에서 다루기로 하겠다.

역주 · 해설

* '◇'자는 박성원(朴性源, 1697~1767)이 《화동정음통석운고(華東正音通釋韻考)》(1747년, 영조 23)에서 순음(脣音)자의 하나로 새로 만든 문자이나, 그 음가에 대해서는 아무런 구체적 설명을 하지 않고 있으며, 범례에서 ㆁ, ㅇ, ◇자는 소리가 서로 비슷하게 나온다고 언급하고 있다. 한편, 금영택(琴榮澤, 1739~1790)의 《만우재집(晩寓齋集)》에서는 이 '◇'이 그 음(音)이 뚜렷하지 못하여, ㅁ(脣音)의 소변이(小變異)에 지나지 않는 것이므로, 중국음에는 소용이 있어도 우리 음에는 소용이 없으니, 굳이 이것을 구별할 필요가 없다고 지적하고 있다. 이런 언급을 바탕으로 《국문연구의정안》은 이 글자를 순경음 'ㅱ'자의 변체(變體)로 보고 있는 듯하지만, 이 글자에 대한 규정을 국가적 규정으로 굳이 해야 할 정도로 실제로 이 글자가 사용되었던 것은 아니다.

1) 순경음(脣輕音)은 《훈민정음》에서 순음(脣音) 'ㅁ, ㅂ, ㅃ, ㅍ' 아래 'ㅇ'을 연서(連書)하여 표시한 음으로서, 'ㅱ, ㅸ, ㅹ, ㆄ' 등을 말한다. 중국 운학(韻學)의 경순음(輕脣音)에 해당하는 것으로 보이나, 《훈민정음》 또는 《동국정운(東國正韻)》의 초성체계에는 들지 못하고 규정 끝에 가서 부록과 같이 간략한 설명으로 처리되었다. 순경음 ㅱ, ㅹ, ㆄ은 한자음이나 중국음의 표기에 사용되었으나, ㅸ은 실제로 국어표기에 사용되었다.
2) 'ㅱ'은 '순경음 미음'으로 읽히는 것이 현재의 관행이다. 《국문연구의정안》의 위원들이 이 글자를 어떻게 읽었는지 알 수 없으나, 만약 현재 관행처럼 '순경음 미음'이라 읽었다면 'ㅱ이'로 되어야 할 것이나 'ㅱ가'로 되어 있는 것을 보면, 달리 읽었을 가능성도 있다.
3) 기유(旣有)는 '이미 있음'을 뜻한다.

원 문

ᄝ ᄫ ᅗ ᄬ 四字는 脣輕音理에는 適當ᄒᆞ나 國語音에는 無ᄒᆞ니 復用ᄒᆞᆷ이 不當ᄒᆞ도다

현대어역

'ᄝ, ᄫ, ᅗ, ᄬ' 네 글자는 순경음의 음리에는 적당하나, 국어음에는 없으니, 다시 사용함이 부당하도다.

역주 · 해설

* 이 부분은 순경음 네 글자의 사용이 부당함을 규정하고 있다. 순경음 네 글자 가운데 'ᄫ'은 중세 국어 문헌에 국어음 표기에 나타난 것이었지만, 이내 소멸되었다.

원 문

已上 諸字는 今에 復用은 不當ᄒᆞ나 備考로 存留[1]ᄒᆞ야 先聖[2]의 國文 剏造[3]ᄒᆞ신 精義[4]를 欽惟[5]ᄒᆞ고 後學의 文學[6] 硏究ᄒᆞ는 材料에 供케[7] ᄒᆞᆷ이 可ᄒᆞᆯ지라

현대어역

이상 여러 글자들은 오늘날 다시 사용함이 부당하나, 비고로 남겨두어 옛 성인의 국문 창조하신 정확한 의의를 공경하여 생각게 하고 후학의 문학을 연구하는 재료에 이바지하게 하는 것이 좋을 것이니라.

역주 · 해설

* 제2제의 결론 부분이다. ‘ㆁ, ㆆ, ㅿ, ◇, ㅱ, ㅸ, ㆄ, ㅹ’의 8자를 사용하지 않는 것으로 결정하고 있다. 이는 온당한 결정이다. 그러나 완전한 폐지가 아니라 ‘비고(備考)’로 남겨둔다고 하였다. 순경음자를 ‘존류(存留)’해야 한다는 안은 이능화, 송기용, 윤돈구의 안이고, 외국어 연구를 위해서 존류해야 한다는 안은 권보상, 지석영의 안이다.

1) 존류(存留)는 ‘남아서 머묾’, 또는 ‘남아서 머물게 함’을 뜻한다.
2) 선성(先聖)은 ‘옛날의 성인’을 뜻하는 말로서, 여기에서는 세종대왕을 지칭하는 데 사용되고 있다.
3) 창조(刱造)에서 ‘刱’은 ‘創’과 동자(同字)이다.
4) 정의(精義)는 ‘자세한 의의, 또는 정확한 의의’를 뜻한다.
5) 흠유(欽惟)는 ‘공경히 생각함’의 뜻이다.
6) 여기서 사용된 문학(文學)은 ‘문학 예술’로서의 뜻이 아니라, 문자로 쓰여진 텍스트로 이루어진 학문 일반, 특히 인문과학을 뜻하는 것으로 사용된 것으로 보인다.
7) ‘공(供)케’는 ‘이바지하게, 제공하게’의 뜻이다.

원 문

<10b>

三 初聲의 ㄲ ㄸ ㅃ ㅆ ㅉ ㆅ 六字 幷書의 書法 一定[1]

李周宋尹 四委員은 同字幷書로 一定ᄒᆞ자 ᄒᆞ고 權 池 兩委員은 左附ㅅ字 ᄒᆞ자 ᄒᆞ고 魚委員은 同字 異字의 幷書例가 俱有[2]ᄒᆞ고 發音이 亦同ᄒᆞ니 任便[3] 使用이 無妨ᄒᆞ다 홈

현대어역

3. 초성의 된소리 표기를 'ㄲ, ㄸ, ㅃ, ㅆ, ㅉ, ㆅ' 6자로 정할지 여부

이민응, 주시경, 송기용, 윤돈구 네 위원은 동자병서 한 가지로 정하자고 하고, 권보상, 지석영 두 위원은 왼편에 'ㅅ'자를 덧붙이자 하고, 어윤적 위원은 동자병서와 이자병서의 예가 모두 존재하고, 발음이 또한 같으니, 편한 대로 사용해도 무방하다고 하였음.

역주 · 해설

* 이 논제에 대해서는 일곱 위원의 의견이 ① 동자병서, 곧 각자병서로 쓰자는 의견, ② 시옷 'ㅅ'을 쓰자는 의견, ③ 편의대로 이 둘을 모두 써도 좋다는 의견 등 세 갈래로 갈리고 있다. 세 의견 가운데 이능화, 주시경, 송기용, 윤돈구가 주장한 각자병서가 채택되었다. 제5회 의결에서 'ㅺ, ㅼ, ㅽ, ㅾ 4자는 비고로 존류함'이라는 부서(附書)가 있었는데, 이마저도 없어져 버렸다(이기문 1972:108).

어윤적은 동자병서와 이자병서를 모두 탁음으로 보고 이 양자가 모두 《훈민정음》에 그 예가 함께 있고, 오늘날에도 양자의 예가 존재하므로, 굳이 하나로 정할 필요가 없다고 하여 결국 편의대로 둘을 모두 써도 좋다는 주장을 하였지만, 이는 채택되지 않았다.

된소리 표기를 각자병서로 사용할 것을 주장한 이능화는 각자병서와 합용병서가 다 같이 된소리[重音(중음)]를 나타내는 것이라고 전제하고 있는 점에서는 어윤적과 같다. 주시경은 된소리는 "동음병발(同音竝發)"이므로 당연히 "동자병서"로 써야 한다는 주장을 폈다.

된시옷을 쓰자는 의견을 편 권보상은 탁음(濁音)을 본탁음(本濁音)과 연탁음(連濁音)으로 나누고, 전자의 예로 '쌀, 딸' 등의 'ㅆ, ㅼ'을, 후자의 예로 '숫돌, 팟밥' 등의 'ㅼ, ㅽ' 등을 제시하고 있다. 연탁음은 읽으면서 자연히 생겨난 것이므로 본탁음만 특별한 표기가 필요하다고 한 것은 된소리 표기의 중요한 일면을 지적한 것이다(이기문 1972:99). 지석영은 동자병서가 《훈민정음》에서 병서한 본의에 맞는 것임을 인정하기는 했지만, 일반 인민의 관습에는 생소하여 행용하기가 지극히 어려우므로, 글쓰기에 편이한 된소리를 쓰자고 하였다.

1) 일정(一定)은 '어떤 것의 크기, 모양, 범위, 시간 따위가 하나로 정하여져 있음'을 뜻한다.
2) 구유(俱有)는 '함께 있음'을 뜻한다.
3) 임편(任便)은 '편할대로 함'을 뜻한다.

원 문

此六字의 同字 幷書[1]는 訓民正音에 其發聲의 例ᄭᆞ지[2] 特揭[3]ᄒᆞ셧은즉 實로 制字의 本義[4]오 音理[5]의 原則이어늘 初聲合用則幷書例와[6] 如히 或 ㅂ字를 左加ᄒᆞ며 或 ㅅ字를 左加ᄒᆞ야 俗語에 된시옷이라 稱ᄒᆞ야 行用[7]ᄒᆞ니 此는 幷히 音理에 不當ᄒᆞᆷ으로 訓民正音을 遵ᄒᆞ야[8] 同字의 幷書로 一定ᄒᆞᆷ이 可ᄒᆞ도다

但 ㆅ字는 國語音에 ㅎ字로만 用ᄒᆞ야도 不可ᄒᆞᆷ이 無ᄒᆞ니 此字는 復用ᄒᆞᆷ이 不當ᄒᆞ니라.

현대어역

이 여섯 글자의 동자병서는 훈민정음에 그 소리냄의 예까지 특별히 실으셨는바, 실로 글자 만듦의 본뜻이고, 음리의 원칙이거늘 초성합용 즉 병서의 예와 같이 혹 'ㅂ'자를 왼쪽에 덧붙이며, 혹 'ㅅ'자를 왼쪽에 덧붙여서 속어(俗語)에 된시옷이라 칭하여 행용하니, 이는 모두 소리의 이치에 맞지 아니함으로 훈민정음을 좇아서 동자의 병서 하나로 정함이 옳을 것이다. 단 'ㆅ'자는 국어음에 'ㅎ'자로만 사용하여도 불가능함이 없으니, 이

글자는 다시 사용함이 부당하니라.

역주 · 해설

*《국문연구의정안》 제정 당시에는 'ㄲ' 등과 같이 같은 글자를 반복하거나, 된시옷이라 하여 'ㅅ'을 'ㄱ' 왼편에 붙여서 'ㅺ' 등과 같이 쓰거나, 드물게는 왼편에 'ㅂ'을 덧붙여서 'ㅲ' 등과 같이 쓰는 것이 모두 된소리를 표기하는 방식으로 통용되고 있었다. 이 논제의 제목 아래에 있는 분주에서 보듯이 위원들 간의 의견이 세 갈래로 크게 갈리는 것은 당대의 이런 표기 현실을 반영하고 있다 할 것이다.

당대의 표기 현실이 그렇다 하더라도, 위 기술에서 보듯이 국문연구소 위원들은 15세기에는 구별되어 사용되었던 'ㅅ'계 합용병서와 'ㅂ'계 혹은 'ㅄ'계 합용병서를 모두 같은 된소리의 다른 표기 방식이라 잘못 인식하고 있다.(이러한 인식은 20세기 초반기에 이들의 역사적 음가 변화에 대한 논쟁으로 이어져 학문적 토론이 발전하게 된다.) 그리고 《훈민정음》에서의 각자병서가 중국 운학의 전통에 따라 한자음의 전탁을 표기하기 위해 만들어진 것이고, 실제로도 국어음 표기에는 일부 제한된 분포에서 사용되었다는 역사적 사실을 미처 인식하지 못하고 있다. 이런 잘못된 인식을 바탕으로 위원들은 이 논제의 결론을 《훈민정음》을 좇아서 각자병서로 정한다고 하고 있다.

이처럼 된소리 표기를 'ㄲ'류와 같이 각자병서로만 쓰기로 한 규정은 《훈민정음》 창제 당시, 'ㄲ'류와 같은 각자병서가 된소리를 표기하는 것인가, 아닌가 하는 쟁점의 결과는 차치하고서라도, 1933년 조선어학회에 의한 《한글맞춤법통일안》에서 각자병서로 쓰기로 규정된 이래 이 규정이 현행 국어표기법에까지 연면히 이어지고 있다는 점을 고려하면 매우 중요한 의결이라 아니할 수 없다. 곧 역사적 관점과는 상관없이 이 결정은 이론적으로 타당한 것이었고 실용적으로도 무난한 것이었다(李基文 1972:108)고 할 수 있다.

1) 병서란 초중종성(初中終聲)에서 수평적으로 결합하여 쓰는 것을 이르는 말로서, 《훈민정음 해례본》에 따르면 동일한 문자를 수평 결합하여 쓰는 것은 각자병서(各自竝書)이고, 서로 다른 문자를 수평 결합하여 쓰는 것은 합용병서(合用竝書)이다. 여기서 언급된 동자병서(同字幷書)는 《훈민정음》에서의 각자병서(各自竝書)에 해당하는 것이며, 중성과 종성은 제외하고 초성의 경우에 한정하여 논의를 전개하고 있다.

《훈민정음 해례본》 합자해(合字解)에 의하면 각자병서는 'ㄲ, ㄸ, ㅃ, ㅆ, ㅉ, ㆅ' 등으로 첫소리에만 나타난다고 하였다. 이들은 한자음 전탁(全濁)의 표기에 쓰였으며, 이 가운데 ㅆ과 ㆅ만이 국어 단어의 어두음(語頭音) 표기에 쓰였고, 나머지는 형태소가 결합될 때에 쓰였다. 각자병서는 《원각경언해(圓覺經諺解)》 이후, 즉 15세기 후반부터 쓰이지 않게 되었다. 그리하여 'ㆅ, ㅆ'마저도 자취를 감추었는데, 'ㅆ'은 16세기에 들어 부활되었다.

15세기 훈민정음 창제 당시 각자병서의 음가가 된소리 표기인지 아닌지에 대해서는 이 시대 이후에 국어 연구에 있어서 중요한 논의의 쟁점이 된다.

2) 동자병서, 곧 각자병서에 대한 발성의 예로 《훈민정음 언해본》에 나온 'ㄲ'에 대한 언급을 제시하면 다음과 같다. "'ㄱ'은 아음이니 '君(군)'자의 처음 나는 소리와 같으니 나란히 쓰면 '虯(규)'자의 처음 나는 소리와 같으니라.(ㄱ는 엄쏘리니 君군ㄷ 字ᄍᆞᆼ 처ᅀᅥᆷ 펴아 나ᄂᆞᆫ 소리 ᄀᆞᄐᆞ니 ᄀᆞᆯᄫᅡ쓰면 虯뀨ᇢ字ᄍᆞᆼ 처ᅀᅥᆷ 펴아 나ᄂᆞᆫ 소리 ᄀᆞᄐᆞ니라)." 곧 'ㄲ'의 음가를 제시하기 위해 한자 '규(虯뀨ᇢ)'자를 제시하고 있는 것이다.

여기서 사용된 '규(虯)'의 현대 한국어 한자음에서의 초성 음가는 무성음 'ㄱ'이지만, 본래 중국음에서는 그 음가가 유성음이었던 것으로 추정되는 전탁음이었다.(한편, '뀨ᇢ'로 표기된 것은 동국정운식 한자음 표기에 의한 것이다. 동국정운식 한자음 표기는 모음으로 끝나는 한자음의 경우, 곧 종성이 없는 한자음의 경우 성음법(成音法)에 따라 음가 없는 'ㅇ'이나 'ㅸ'을 종성 자리에 표기하였던 것이다.)

3) 특게(特揭)는 '특별히 실음'의 뜻이다.

4) 본의(本義)는 '근본되는 취지'를 뜻한다.

5) 음리(音理)는 '소리의 이치나 원리'를 뜻한다.

6) 초성합용즉병서(初聲合用則幷書)의 예, 곧 초성을 합용하여 병서한 예로서 《훈민정음 해례본》 합자해는 ㅅ계열의 대표로 'ᄣᅡ', ㅂ계열의 대표로 'ᄢᅡᆨ', ㅄ계열의 대표로 'ᄥᅳᆷ'을 들고 있다.
7) 행용(行用)은 '널리 퍼뜨려 씀, 또는 두루 씀'을 뜻한다.
8) '준(遵)ᄒᆞ야'는 '좇아서'를 뜻한다.

원 문

<11a>

四 中聲中 ·字 廢止 ᅴ字 刱製의 當否

本題는 池委員의 主案인바 李委員敏應이 贊同ᄒᆞ고 李宋兩委員은 兩者가 俱 不當이라 ᄒᆞ고 魚權周 三委員은 刱ᅴ는 不當호ᄃᆡ 廢·는 便當[1]ᄒᆞ다 홈

현대어역

4. 중성 가운데 '·'자 폐지 및 'ᅴ'자 창제 여부

본제는 지석영 위원의 주안인 바 이민응 위원이 찬동하고 이능화, 송기용 두 위원은 '·'자 폐지나 'ᅴ' 창제 양자가 모두 부당하다 하고, 어윤적, 권보상, 주시경 세 위원은 'ᅴ' 문자를 창제하는 것은 부당하되, '·'를 폐지하는 것은 당연하다.

역주·해설

* 이 논제 역시 앞의 논제처럼 위원들 간에 의견이 갈리고 있다. '·'를 폐지하고, 'ᅴ'자를 새로 만들자는 것은 지석영이 《신정국문(新訂國文)》에서 주장하였고, 이런 주장이 사회적 물의를 일으켜 결국은 국문연구소를 설립하게 된 원인이 되었으므로, 위원들 간에 의견이 갈리는 것은 충분

히 예상이 되는 일이다. 'ᅼ'자를 만드는 것에 대해서는 주안자인 지석영과 이에 찬동한 이민응 위원을 제외하고는 모든 위원들이 반대하고 있다. 따라서 'ᅼ'자 창제는 부결되었다. 'ㆍ'자 폐지에 대해서는 이능화, 송기용 위원이 반대하고 있음을 분주는 밝히고 있다. 《국문연구》에서 윤구영이 'ㆍ'자 폐지를 반대한 것을 고려하면, 'ㆍ'자 폐지에 찬성한 위원은 5명으로, 반대 3명보다 더 많다. 그러나 후술되듯이 'ᅼ'자 창제가 부결됨과 와 더불어 'ㆍ'자 폐지 또한 부결되고 만다.

1) 편당(便當)의 뜻은 '당연함'이다.

원 문

ㆍ字는 其 本音이 ㅣ可ㅡ의 字와 如ᄒᆞᆫᄃᆡ 今에 ㅏ字 疊音으로 行用됨이 訛誤[1]오 更히 ㅡ字의 拗音[2] 卽 ㅣ加ㅡ의 音과 如ᄒᆞᆷ으로 ㆍ를 廢ᄒᆞ고 其代[3]에 ᅼ를 刱製[4]ᄒᆞ얏으나 ㆍ의 本音이 ㅣ加ㅡ와 同ᄒᆞᆷ도 明證[5]이 無ᄒᆞ고 且 ᅼ字의 音이 必要ᄒᆞ다 ᄒᆞᆯ지라도 ㅣ加ㅡ의 合中聲[6]으로 天然[7] 作字의 例가 自在[8]ᄒᆞᆫ즉 ᅼ字는 刱製ᄒᆞᆷ이 不當ᄒᆞ며 ㆍ字는 ㅏ音과 混疊[9]ᄒᆞ얏으나 製字ᄒᆞ신 本義과[10] 行用ᄒᆞ든 慣例로도 廢止ᄒᆞᆷ이 不當ᄒᆞᆯᄲᅮᆫ 不是라[11] 法令公文에 一切 慣用ᄒᆞ고 一般人民이 信手[12] 輒書[13]ᄒᆞ니 實
<11b>
際[14]로도 廢止ᄒᆞᆷ이 不可能ᄒᆞ니 其用法만 區別ᄒᆞ야 一定ᄒᆞᆯ지오 廢止ᄒᆞᆷ은 不當ᄒᆞ도다

현대어역

'ㆍ'자는 그 본디 소리가 'ㅡ'에 'ㅣ'를 더한 것과 같은데, 오늘날에 'ㅏ'자

의 첩음으로 널리 사용되고 있는 것은 그릇되고 잘못된 것이고, 또한 'ㅡ'자의 요음, 곧 'ㅡ'에 'ㅣ'를 더한 소리와 같음으로 '·'를 폐지하고 그 대신에 '=' 를 창제하였으나 '·'의 본음이 'ㅡ'에 'ㅣ'를 더함과 같다는 것도 명백하게 증명된 것이 없고, 또 '='자의 음이 필요하다 할지라도 'ㅣ가 ㅡ'의 합중성(合中聲)으로 천연(天然) 작자(作字)의 예가 자재(自在)한즉, '='자는 창제함이 옳지 못하며, '·'자는 'ㅏ'음과 섞여 사용되고 있으나, 글자를 만드신 근본된 취지와 널리 사용되던 관례로 보아서도 폐지함이 부당할 뿐 아니라, 법령공문에 일체 관습적으로 사용되고 일반 인민이 손에 익어 쉽게 쓰고 있으니 실제로도 폐지하는 것이 불가능하니 그 용법만 구별하여 일정할 것이고, 폐지함은 옳지 못하도다.

역주 · 해설

* 위원들의 의견이 갈라지고 있는 가운데, '='자 창제도 부당하고, '·'자 폐지도 부당하다고 결론내림으로써, 지석영이 《신정국문(新訂國文)》에서 내세운 주장이 완전히 부정되고 말았다. '=' 창제가 부당하다는 것은 타당한 의결이지만, 이미 음가가 소멸되어 더 이상 발음되지 않는 '·'를 폐지하지 않고 있는 것은 역사적 관습에서 벗어나지 못하고 있음을 말해 주고 있다. '·'자 폐지는 1933년 《한글맞춤법통일안》에 이르러서야 비로소 규정된다.

'·'의 본음이 'ㅣㅡ'의 합음이며, 'ㅏ, ㅓ, ㅗ, ㅜ'에 'ㅡ'획을 가(加)하여 'ㅑ, ㅕ, ㅛ, ㅠ'를 만들듯이 'ㅡ'에 'ㅡ'획을 가하여 '='자를 창제하자고 한 것은 지석영 위원의 의견이다. 그런데 '·'가 'ㅣㅡ'의 합음이라는 지석영의 주장은 김민수(1977:22-6)에서 밝혀진 대로 주시경의 주장에서 비롯된 것이었다. 주시경은 여러 저술에서 줄기차게 '·'가 '이으'의 합음임을 주장했고, 이 주장이 지석영에게 영향을 주어 '='자 창제의 주장을 낳았지만(《국문연구》에서 주시경은 자신이 ·는 ㅣㅡ의 합음(合音)됨을 구득(究得)하고 ‘ㅏ’와 같이 읽는 것이 타당치 못하다는 것을 친지(親知)에 변론(辨論)한 지 십여 년이 되었다고 하고 있다.), ‘ᆢ’자 창제에 대해서는 부정적 견해를 펴고 있다. 그런데 위《국문연구의정안》의 결정에서는 ‘ᆢ’ 창제의 부당성과 더불어 ‘ㆍ’가 ‘이으’의 합음이라는 주시경의 주장도 명백한 증거가 없다고 하여 함께 부정되고 있다.

‘ㆍ’자 폐지에 대해서는 주안자인 지석영과 동조자인 이민응과 더불어, 주시경·어윤적·권보상 위원이 찬성하였음에도 여기서는 ‘ㆍ’자 폐지 또한 부결되고 만다. 그런데, 흥미로운 것은 여기서 ‘ㆍ’ 폐지 불가론의 이유로 지적된 것이 1) 글자를 만드신 근본된 취지에 어긋나며, 2) 널리 사용되어온 역사적 관례에 비추어 부당하며, 3) 현재 법령공문에 사용되고 일반 인민이 쓰고 있으니 폐지하는 것이 불가능하다는 것 등인데, 이 불가론의 이유들이《국문연구》에서 이능화가 ‘ㆍ’ 폐지 불가로 든 이유와 거의 흡사하다는 사실이다. 이능화는《국문연구》에서 ‘ㆍ’가 ‘모음지모(母音之母)’이므로 이를 폐지하는 것은 제자(制字)의 본의(本義)에 어긋나며, ‘ㆍ’자를 폐지하려면 법령 등에 사용된 ‘ㆍ’자를 개정해야 하고, 또한 이천만인(二千萬人)의 손으로 쓰는 것을 말려야 하는데 그럴 수 없으니 불가하다고 했던 것이다.

《국문연구》를 보면, 어윤적은 ‘ㆍ’ 폐지의 논거(論據)를 3항에 걸쳐 펼침과 아울러, ‘ㆍ’ 폐지 불가론의 논거에 대해서 역시 3항에 걸쳐 일일이 논파(論破)하고 있다. 그의 주장의 타당성 여부를 떠나서, 이처럼 상당한 비중을 들이며 진지하게 논리적인 반박을 시도하고 있다는 점은 높이 평가받을 만하다. 특히 그가 ‘ㆍ’가 실제로 ‘ㅏ, ㅓ, ㅗ, ㅜ, ㅡ’ 등과 혼동되고 있는 실례를 〈• 音與眞音相混圖(• 음여진음상혼도)〉라는 도표로 만들어 제시하고 있다는 점도 주목할 만하다. 이 표에 의하면, ‘문법(文法)’으론 ‘ᄃᆞᆰ’이지만, ‘구어(口語)’로는 ‘달’이라는 식으로 문자로 표기되는 형과 실제 입말에서의 소리를 대응시키고 있다. 이런 방식으로 ‘여ᄃᆞᆲ’은 ‘여덟, 여덟, 여듧’으로, ‘ᄀᆞᆯᄋᆞᄃᆡ’는 ‘갈오되’로, ‘ᄒᆞ고’는 ‘하고, 허고’로, ‘하눌'은 '하날, 하눌, 하늘' 등으로 서로 뒤섞여 발음되고 있음을 제시하고 있다.

'ㅢ'자에 대한 견해에 있어서는 이기문(1972:86)에서 지적된 대로, 다른 어떤 위원보다도 탁견(卓見)을 보이고 있는 것은 이능화이다. 그는 'ㅢ'자는 요음, 즉 이중모음을 이루지 못하는 것이고, '이으' 합음을 표기하고자 하면 '으ㅣ'로 하면 되므로 'ㅢ' 창제가 불필요하다는 견해를 펴고 있다. 특히 그는 '여'로 표기되는 일부 한자음에 '이으' 합음의 발음이 있다는 주목할 만한 관찰을 하고 있다. 가령 '京城(경성)'과 '鏡城(경성)'은 모두 '경셩'이라고 표기되지만, 실제 속음(俗音)으로 '鏡城'의 '경'은 '이으' 합음으로 발음되고 있다는 것이다. 더 나아가 그는 이렇게 '이으'합음으로 발음되는 것을 굳이 표기하기 위해서는 'ㅢ'자를 만들 필요가 없이 'ᆜ'로 쓰면 된다고 주장하고 있다. 만약 'ㅢ'자를 만들어 '긍셩'과 같이 쓴다면, 사람들이 모두 이를 보고 '그응셩'으로 발음할 것이므로, 그보다는 'ᆜ'를 사용하여 '긍셩(鏡城)'과 같이 쓰면 자연스럽게 '경셩(京城)'과 구별될 수 있다는 것이 그의 주장인 것이다.

1) 와오(訛誤)는 '그릇되고 잘못됨'을 뜻한다.
2) 요음(拗音)은 반모음 [j]가 들어가 있는 음을 말한다.
3) 기대(其代)는 '그 대신에'라는 뜻이다.
4) 창제(刱製)에서 '刱'은 '創'의 동자(同字)로서, '새로 지음'을 뜻한다.
5) 명증(明證)은 '명백하게 증명함, 또는 명백한 증거'의 뜻이다.
6) 합중성(合中聲)은 洪啓禧(1703~1771)의 《삼운성휘(三韻聲彙)》에 나오는 용어이다. 홍계희는 《삼운성휘》에서 중성에 합중성(合中聲)과 중중성(重中聲)을 있다고 하여 이 둘의 구별을 할 것을 주장하였다. 곧 '광(光)', '월(月)' 등의 글자의 중성인 'ㅘ, ㅝ' 등과 '횡(橫)', '색(色)' 등의 글자에서의 중성인 'ㅚ, ㅐ' 등은 《훈민정음》에서 글자를 만들긴 했으나 이에 대한 아무런 해설이 없었고, 《훈몽자회》에서도 이에 대한 설명이 없었다. 이에 대해서 《삼운성휘》에서는 'ㅘ, ㅝ' 등을 합중성이라 하고, 'ㅚ, ㅐ'에서의 'ㅣ'는 '침(浸)'자의 중성인 'ㅣ'와는 다른 'ㅣ' 모음('딴이')이 붙으므로 이를 중중성이라 하여 구

별하였다. 이는 반모음(半母音) [w]와 운미(韻尾) [j]를 구별한 것이라는 점에서 주목되는데, 합중성(合中聲), 중중성(重中聲) 등의 용어는 국어학사상 처음으로 등장하는 용어이다.

7) 천연(天然)은 '사람의 힘을 가하지 않은 상태'를 뜻한다.

8) 자재(自在)는 '저절로 있음'의 뜻이다.

9) 혼첩(混疊)은 '섞이고 겹쳐짐'의 뜻이다.

10) 본의(本義)는 '근본되는 취지'를 뜻한다. 조사 '와'가 결합되어야 하는데 '과'가 결합되어 있다.

11) '불시(不是)라'는 '아니라'의 뜻이다.

12) 신수(信手)는 '일이 손에 익어 손의 움직임이 능숙하게 됨'을 뜻한다.

13) 첩서(輒書)는 '쉽게 씀'을 뜻한다.

14) '실제(實除)'라 썼다가 '除'자 오른편에 '際'를 써 놓음으로써, 실제(實際)로 고쳐놓았다. 필사본에는 '實際'라 되어 있다.

원 문

五 終聲의 ㄷ ㅅ 二字 用法 及 ㅈ ㅊ ㅋ ㅌ ㅍ ㅎ 六字도 終聲에 通用 當否

ㄷ字도 近俗에는 下六字와 同히 終聲에 不用인바 魚勸周尹 四委員은 通用이 爲當ᄒᆞ다 ᄒᆞ고 李委員은 常用 活用 備考 三種에 分ᄒᆞ야 此七字는 活用에 屬ᄒᆞ고 宋委員은 隨機[1] 應用ᄒᆞ자 ᄒᆞ고 李委員敏應은 幷히 備考로 存留[2]ᄒᆞ자 ᄒᆞ고 池委員은 必要가 無ᄒᆞ니 留案[3]ᄒᆞ자 홈

현대어역

5. 종성의 'ㄷ, ㅅ' 두 자의 용법 및 'ㅈ, ㅊ, ㅋ, ㅌ, ㅍ, ㅎ' 여섯 자도 종성에 통용할지 여부

'ㄷ'자도 근래에는 아래 여섯 자('ㅈ, ㅊ, ㅋ, ㅌ, ㅍ, ㅎ')와 같이 종성에 사용

하고 있지 않은 바, 어윤적, 권보상, 주시경, 윤돈구 네 위원은 통용이 타당하다고 하고, 이능화 위원은 상용과 활용, 비고의 세 종류로 나누어 이 일곱 자는 활용에 속하고, 송기용 위원은 그때그때 기회에 따라 응용하자고 하고 이민응 위원은 함께 비고로 남겨두자 하고, 지석영 위원은 필요가 없으니 안건을 미루어 놓자고 함.

역주 · 해설

* 이 논제는 주시경의 주장으로 제기된 것인데, 위원들의 의견이 엇갈리고 있다. 어윤적, 윤돈구, 권보상 위원 등이 동조함으로써, 주시경의 주장이 다수표를 얻어 통과, 의결되었다. 주시경은 근대 국어 이후 관습으로 굳어진 칠종성법의 문제점, 곧 'ㄱ, ㄴ, ㄹ, ㅁ, ㅂ, ㅅ, ㅇ'만을 받침에 쓰는 것의 문제점을 지적하고, ㄷ을 받침으로 사용할 것에 덧붙여서 'ㅈ, ㅊ, ㅋ, ㅌ, ㅍ, ㅎ' 여섯 자 또한 받침으로 두루 사용할 것을 주장하였다.

제5제의 의정안은 어윤적과 더불어 주시경의 안이 완전히 채택되었으며 특히 주시경이 역점을 두어 연구했던 것으로 보이는데, 이는 지석영의 언급에서 확인할 수 있다(이기문 1970:109). 다음은 지석영이 《국문연구》에서 행한 언급을 가급적 문체를 살리며 현대어로 바꾸어 옮겨 놓은 것이다.

> 세인(世人)이 ㅈ, ㅊ 등의 자(字)가 종성도 되는 줄을 아는 자가 전무(全無)하더니 주시경 위원이 고심 혈성(苦心血誠)으로 다년 연구하여 ㅈ, ㅊ 등의 자가 종성되는 것을 발명하여 '尋(심) 찾을, 濕(습) 젖을, 從(종) 좇을, 逐(축) 쫓을, 似(사) 같을, 淺(천) 옅을, 覆(복) 덮을, 深(심) 깊을, 積(적) 쌓을, 好(호) 좋을' 등 자를 사용하는 것이 음의 이치에 합당하다 하니 이는 선인이 미발(未發)한 바를 발(發)한 것이니 참 국문의 학자로다.

《국문연구》를 보면, 주시경이 이 제5제에 대해서 많은 분량을 할애하고 있음을 확인할 수 있다. 그는 종성표기에서 'ㅅ, ㄷ, ㅈ, ㅊ, ㅋ, ㅌ, ㅍ, ㅎ' 등이 제외된 것은 최세진의 《훈몽자회》 때문이라고 지적하고 이 문자들은 《훈민정음》의 '종성부용초성(終聲復用初聲)'의 규정이나 또 실제 《용비어천가(龍飛御天歌)》에서 'ㅈ, ㅊ' 등이 받침으로 쓰인 것을 보더라도 마땅히 종성에서 사용되어야 한다고 주장하고 있다. 주시경은 '본음'과 '임시의 음'으로 나누어 설명하면서, '임시의 음'이 여럿 나타난다고 하여 이 '임시의 음'으로 표기할 게 아니라 언제든지 '본음'으로 정하여 쓰는 것이 합당함을 주장하고 있다. 가령 '百(백)'은 '百日(백일)'에서는 '빅일'으로 발음되는데, 이때 '빅'은 본음이고, '百年(백년)'과 같이 '年(년)'을 이어 발음하면 '빙년'으로 되는데, 이때 '빙'은 임시의 음이다. 그런데 표기에서는 이 임시의 음을 따라 '빙년'으로 하지 않고, 본음을 따라 '빅년'으로 쓰는 것이 합당한 것과 같은 이치로, 임시의 음이 여럿 나타나더라도 항상 본음으로 표기하는 것이 옳다는 것이다.

어윤적 또한 모든 초성을 종성에 써야 한다고 했는데, 그는 그 이유를 문법(문법)의 정확한 뜻[精義(정의)]을 밝히기 위한 것이라 하고 있다. 그의 용어에 따르면 '품사(品詞, 어간에 해당)'와 '승접사(承接詞, 조사나 어미에 해당)'를 구별하는 것이 문법의 정의(精義)를 밝히는 것이고, 그러려면 모든 초성을 종성에 써야 한다는 것이다.

권보상은 'ㅅ, ㄷ' 등 8자가 초성과 동일한 '활용(活用)의 자격'이 있으므로 '부용설(復用說)'에 찬동한다고 간단히 언급하고 있다. 송기용은 이기문(1970:100)과 이광호(1979:108)에서 지적되었듯이 주시경의 최종연구안을 그대로 모방한 것으로 보인다.

지석영은 논리적으로는 'ㅅ, ㄷ'을 구별하여 쓰는 것이 합당하나 이미 'ㅅ, ㄷ'이 '합용(合用)'되었으니 굳이 구별할 필요가 없다고 결론짓고 있다. 지석영의 견해에서 특기할 만한 것은 'ㅈ, ㅊ, ㅋ, ㅌ, ㅍ, ㅎ'이 종성으로 쓰인 것이 《용비어천가》에만 국한되었음을 지적한 사실이다. 이것은 여러 위원 가운데 오직 지석영만 지적한 것으로서(이광호 1979:108), 온당한 지적이라고 할 것이다.

그런데, 제5제의 제목 아래 있는 분주에서는 윤돈구 위원이 주시경의 견해에 찬동한 것으로 되어 있다. 흥미로운 것은 위 분주의 원문에는 원래 '삼위원(三委員)'이라고 써 놓았는데, '三'에 줄을 그어 지우고 오른편 옆에 '윤사(尹四)'를 가필해 놓았다는 점이다. 세 위원이 네 위원으로 늘어난 것이다. 《국문연구의정안》 등사본(謄寫本)에는 이런 가필을 볼 수 없다. 세 위원이 찬동하느냐, 네 위원이 찬동하느냐는 것은 의안의 통과 여부를 결정짓는 중요한 것인데, 이와 같은 정정 가필이 어떤 연유로 있었는지 궁금하게 한다.

1) 수기(隨機)는 '그때그때의 기회에 따라 일을 적절히 처리함'을 뜻한다.
2) 존류(存留)는 '남아서 머묾', 또는 '남아서 머물게 함'을 뜻한다.
3) 유안(留案)은 '처리하여야 할 일이나 안건을 미루어 둠'을 뜻한다.

원 문

訓民正音에는 初聲 諸字를 幷히 終聲에 復用ᄒᆞ던 것인데 訓蒙字會에 ㄱ ㄴ ㄷ ㄹ ㅁ ㅂ ㅅ ㅇ 八字만 初終聲에 通用ᄒᆞ고 其餘諸字는 初聲獨用으로 區別ᄒᆞ얏으니 此를 推想컨ᄃᆡ 梵文[1]의 八終聲例를 倣ᄒᆞᆫ 듯
<12a>
ᄒᆞ나 訓民正音 例義와 國語音에 違反ᄒᆞ얏으니 此는 極大ᄒᆞᆫ 謬誤로다

현대어역

《훈민정음》에는 초성의 모든 글자를 함께 종성에 다시 사용했던 것인데, 《훈몽자회》에 'ㄱ, ㄴ, ㄷ, ㄹ, ㅁ, ㅂ, ㅅ, ㅇ' 여덟 자만 초성과 종성에 두루 사용하고, 그 나머지 여러 글자들은 초성에만 사용하는 것으로

구별하였으니, 이를 미루어 생각건대 범문(梵文)의 팔종성의 예를 모방한 듯하나, 훈민정음 예의와 국어음에 위반하였으니 이는 극대한 오류로다.

역주 · 해설

* 《훈민정음》에서 종성부용초성(終聲復用初聲), 곧 종성은 초성을 다시 사용한다고 한 것은 종성에 대한 문자를 따로 만들지 않고, 초성의 문자를 다시 사용한다고 규정한 것인데, 여기서는 이 구절을 초성 17자를 종성, 곧 받침 표기에 두루 사용한다는 규정을 말하는 것으로 잘못 인식하고 있음을 보이고 있다. 또한 《훈민정음 해례본》의 받침 규정은 팔종성가족용(八終聲可足用), 곧 'ㄱ, ㄴ, ㄷ, ㄹ, ㅁ, ㅂ, ㅅ, ㆁ'의 여덟 종성만으로 사용이 충분하다는 것이었는데, 이에 대한 언급이 없이 《훈몽자회》가 《훈민정음》 예의와 국어음에 위반한 '극대한' 오류를 범했다며 강한 비판을 던지고 있다. 《훈몽자회》에서 여덟 자만 초성과 종성에 두루 사용하고 그 나머지는 초성에만 사용한다고 한 것은 《훈민정음》의 팔종성가족용을 바꿔 말한 것에 불과한 것인데, 이를 인식하지 못한 채 맹렬한 비판을 가하고 있는 것이다.

  한편, 위 본문에서 '범문(梵文)' 곧 범자(梵字)의 팔종성예(八終聲例)를 모방한 듯하다고 한 것은 어윤적의 안에서만 언급된 것이다. 어윤적의 최종연구안이 주시경의 그것과 결론에 있어서는 완전히 같다고 할 수 있으나 그렇게 보는 견해에는 차이가 있었다. 주시경은 '본음(本音)'과 '임시(臨時)의 음'으로 보았으나, 어윤적은 주로 '승접사(承接詞, 어미 또는 조사)'와 '품사(品詞)'에 관련해서 그의 주장을 전개시켰던 것이다.(이광호 1979:107)

1) 범문(梵文)은 '범자(梵字)'로 쓴 글을 뜻하며, 범자는 산스크리트 어를 적는데 사용된 인도의 옛글자이다. 산스크리트는 원래 '정화(淨化) · 세련 · 완성'

을 뜻하는 동사 'samskr-'의 과거수동분사 '산스크리타(samskr-ta)'에서 만들어진 말이며 '정화되고 세련된' 또는 '완성된' 언어를 의미한다. 고대 인도어 가운데 하나인 산스크리트는 우리나라에는 불교의 유입과 함께 소개되었으며, 서양에서는 1784년에 영국인 W. 존스가 산스크리트 어와 서양 고전어의 유사성을 지적한 이래, 인도유럽어족 가설을 확립하는 데 결정적인 역할을 하게 된 언어이다.

원 문

或은 現行ᄒᆞ는 八字中 ㄷ 字도 不用ᄒᆞ고 七字만 用ᄒᆞ야도 不成ᄒᆞᆯ 語가 無ᄒᆞ고 不發ᄒᆞᆯ 音이 無ᄒᆞ다 ᄒᆞ나 言語를 記ᄒᆞᆷ에 不規則과 事物을 名ᄒᆞᆷ에 無定義가 滋甚[1]ᄒᆞ야 文學[2]의 滅裂[3]을 枚述[4]키 不遑[5]ᄒᆞ니 初聲 諸字를 原則에 依ᄒᆞ야 斷然 通用ᄒᆞᆷ이 正當ᄒᆞ도다

현대어역

혹은 현재 사용하는 여덟 자 가운데 'ㄷ' 자도 사용하지 않고, 일곱 자만 사용하여도 이루지 못할 말이 없고, 소리내지 못할 음이 없다고 하지만, 언어를 기록함에 불규칙과 사물을 이름지음에 무정의(無定義)가 더욱 심하여 문학의 멸렬(滅裂)을 낱낱이 들어 서술하기에 겨를이 없으니 초성의 모든 글자를 원칙에 의하여 단연코 (받침에) 두루 사용함이 정당하도다.

역주 · 해설

* 이 부분은 종성부용초성(終聲復用初聲)에 대한 잘못된 인식을 바탕으로 하여 모든 초성자를 종성에 쓰도록 규정하고 있다. 그러나 이 규정은《국문연구의정안》가운데 가장 주목되어야 할 규정이다. 당시 관례로 되어 있었던 칠종성법을 깨뜨려서 'ㄷ'의 사용, 곧 팔종성법을 부활하는 데 그

치지 않고, 모든 초성을 종성에 다 쓸 수 있도록 한 것은 당시의 어문 관습에서 보면 실로 획기적인 개혁이라 할 수 있기 때문이다. 모든 초성을 종성에 자유롭게 쓸 수 있도록 한 이 규정은 이후 조선총독부가 1912년 공포한 《보통학교용 언문철자법(普通學校用 諺文綴字法)》에서는 채택되지 않았으나, 1933년 조선어학회(朝鮮語學會)에서 제정한 《한글맞춤법통일안》에서 수용됨으로써, 현행 국어표기법이 형태음소론적 표기의 특징을 갖도록 하는 데에 결정적인 역할을 하게 된다. 형태음소론적 표기는 주시경 위원이 소신을 갖고 열렬히 주장해 오던 것으로서, 어떤 낱말이 환경에 따라 다른 형태(주시경의 용어로는 '임시의 음')로 나타나더라도 언제나 일정한 표기로 고정시켜야 하고, 그 고정은 본음(本音)에 따라야 한다는 것이었다.

1) 자심(滋甚)은 '더욱 심함'의 뜻이다.
2) 여기서 사용된 문학(文學)은 '문학 예술'로서의 뜻이 아니라, 문자로 쓰여진 텍스트로 이루어진 학문 일반을 뜻하는 것으로 사용된 것으로 보인다.
3) 멸렬(滅裂)은 '찢기고 흩어져 완전히 형태를 잃음'의 뜻이다.
4) 매술(枚述)은 '낱낱이 들어 서술함'을 뜻한다.
5) 불황(不遑)은 '겨를이 없음'을 뜻한다.

원 문

六 字母의 七音과 淸濁의 區別 如何

本題에 對ᄒᆞᆫ 各委員의 意見은 大槩 一致ᄒᆞᆷ

현대어역

6. 자모의 칠음과 청탁의 구별 여하

본제에 대한 각 위원의 의견은 대개 일치함.

역주 · 해설

* 위원들의 의견이 '대개' 일치한다고 하여 일치하지 않는 부분이 있음을 말해주고 있다. 이 논제의 요점은《훈민정음》의 초성체계에서 반설음과 반치음이 있으나, 반설음은 설음에 귀속시키고, 반치음은 삭제하여 오음체계를 설정하고 있다는 데 있다.

원 문

訓民正音에 初聲 諸字를 其 發音의 作用되는 部門으로 牙舌脣齒喉半舌半齒[1]의 七音을 區別ᄒᆞ얏으나 半齒音 △字는 現에 見廢[2]ᄒᆞ고
<12b>
半舌音 ㄹ字는 如此히 細別ᄒᆞᆯ 必要가 無ᄒᆞ니 舌音에 移屬[3]ᄒᆞ야 純然ᄒᆞᆫ 牙舌脣齒喉 五音으로만 區別ᄒᆞᆷ이 可ᄒᆞ며 又 發音의 輕重淺深으로 全次淸濁[4]의 別이 有ᄒᆞ나 此를 變通[5]ᄒᆞ야 淸音[6] 激音[7] 濁音[8]의 三種으로만 定ᄒᆞᆷ이 可ᄒᆞ도다

현대어역

훈민정음에 초성 제자를 그 발음이 작용되는 부문으로 아음, 설음, 순음, 치음, 후음, 반설음, 반치음의 일곱 음을 구별하였으나, 반치음 '△'자는 오늘날 폐지되고, 반설음 'ㄹ'자는 이와 같이 자세히 구별할 필요가 없으니, 설음으로 소속을 옮겨서 순연한 아음, 설음, 순음, 치음, 후음의 다섯 음으로만 구별하는 것이 옳으며, 또 발음의 가볍고 무겁고 얕고 깊음으로써, 전차청탁 등의 구별이 있으나, 이를 융통성 있게 잘 처리하여, 청음, 격음, 탁음의 세 종류로만 정하는 것이 옳도다.

역주 · 해설

* 이 문제는 직접 문자체계나 정서법과 관련 있는 것은 아니다. 자음 체계를 설정하고 있는 것인데, 아직 서구 언어학의 영향은 보이지 않으며, 중국음운학적 전통에 머물러 있음을 보이고 있다. 《훈민정음》에서 아음, 설음, 순음, 치음, 후음, 반설음, 반치음의 7음 체계를 이루던 것을 여기서는 아음, 설음, 순음, 치음, 후음의 5음 체계로 바꾸고 있다. 이는 15세기 국어에 존재하였던 반치음 'ㅿ'이 이미 이 시기 이전에 소실된 것과 관련된 듯하다. 자음 체계에서 반치음을 제외하면서 반설음 항목만 놓아두는 것이 어중간하므로, 반설음을 설음에 귀속시켜 5음 체계로 바꾸었다고 볼 수 있기 때문이다. 청음과 탁음의 용어 또한 중국 음운학에서 보이는 전통적인 것이지만, 그 세부 내용은 곧 후술되듯이 차이가 있다. 무엇보다도 국어에 존재하는 유기음(有氣音)을 설명하기 위하여 '격음(激音)'을 새로 설정한 것은 주목할 만한 처리 방식이다.

1) 아설순치후반설반치(牙舌脣齒喉半舌半齒)는 아음(牙音), 설음(舌音), 순음(脣音), 치음(齒音), 후음(喉音), 반설음(半舌音), 반치음(半齒音)을 말한다. 중국음운학에서 자모(字母)를 '아(牙)·설(舌)·순(脣)·치(齒)·후(喉)'음으로 분류하고 다시 반치음과 반설음의 두 반음을 추가하여 칠음(七音)으로 분류한 것을 《훈민정음》과 《동국정운》에서 받아들인 것이다. 《훈민정음 해례본》에서의 초성 17자는 아음 'ㄱ, ㅋ, ㆁ', 설음 'ㄷ, ㅌ, ㄴ', 순음 'ㅂ, ㅍ, ㅁ', 치음 'ㅈ, ㅊ, ㅅ', 후음 'ㆆ, ㅎ, ㅇ', 반설음 'ㄹ', 반치음 'ㅿ'이다.

아음은 《훈민정음 해례본》에 의하면, '혀의 뒷부분이 목구멍을 닿아서 나는 소리'이다. 'ㄱ, ㅋ, ㆁ' 등이다. 현대 언어학에서의 연구개음(軟口蓋音, velar)이 아음에 해당한다.

설음은 《훈민정음 해례본》에 의하면 '혀가 윗잇몸에 닿아서 나는 소리'이다. 현대 언어학에서는 이를 치경음(齒莖音, alveolar)이라고 한다. 학교문법에서는 '혀끝소리'라고도 한다. 중국의 운서에는 설음이 설두음과 설상음으로 구별되는데, 중국 운서의 설두음이 《훈민정음》의 설음에 대체로 일치한다.

순음은 《훈민정음 해례본》에 의하면 '입술에서 나는 소리'이고, 이러한 음은 현대 언어학에서 역시 순음 혹은 양순음(兩脣音, bilabial)이라고 한다.

치음은 《훈민정음 해례본》에 의하면 '이빨에서 나는 소리'이고 여기에는 'ㅅ, ㅈ, ㅊ, ㅆ, ㅉ' 등이 속해 있다. 치음에 소속된 이 다섯 소리들은 현대 국어에서는 조음 위치가 다르므로 다르게 분류된다. 현대국어에서 'ㅅ, ㅆ' 등은 혀끝이 윗잇몸의 위치에서 마찰을 일으켜 나는 소리이므로, 치경음에 소속되고, 'ㅈ, ㅊ, ㅉ' 등은 경구개의 위치에서 나는 소리이므로 구개음(口蓋音, palatal)에 소속된다.

후음은 《훈민정음 해례본》에 의하면 '목구멍에서 나는 소리'이고, 이러한 음은 현대 언어학에서 역시 후음 혹은 성문음(聲門音, glottal)이라고 한다.

반설음은 'ㄹ'을 지칭하기 위해 사용된 용어이다. 현대 언어학에서는 유음(流音, liquid)이라고 흔히 부른다.

반치음은 'ㅿ'을 지칭하기 위해 사용된 용어로서, 국어에서 반치음은 'ㅅ'의 유성음으로 그 음가는 [z]였던 것으로 추정된다. 《두시언해(杜詩諺解)》 초간본(初刊本)에는 반치음 'ㅿ'자가 쓰였으나, 중간본에는 소멸된 것으로 보아 16세기 초・중엽에 우리말에서 소멸된 것으로 보인다.

2) 견폐(見廢)는 '폐지됨'의 뜻이다.

3) 이속(移屬)은 '소속을 옮김'을 뜻한다.

4) 전차청탁(全次淸濁)은 중국 음운학에서 가져온 것이다. 중국 음운학에서는 성모, 곧 자음을 조음 방식에 따라 분류할 때 청탁, '맑고 흐림'의 용어를 이용하여 세분하였는데, 《훈민정음》에서는 이를 받아들이되, 전청, 차청, 전탁, 불청불탁이란 용어를 채택하였다.

《훈민정음》의 초성 체계에서 전청이란 'ㄱ, ㄷ, ㅂ, ㅅ, ㅈ, ㆆ' 등과 같은 평음, 즉 무성무기음(無聲無氣音)에 공통되는 음성적 특질을 이르는 말이고, 차청이란 'ㅋ, ㅌ, ㅍ, ㅊ, ㅎ' 등과 같은 유기음, 즉 무성유기음(無聲有氣音)에 공통되는 음성적 특질을 말한다. 전탁은 전청자를 나란히 쓴 'ㄲ, ㄸ, ㅃ, ㅆ, ㅉ, ㆅ' 따위에 공통되는 음성적 특질을 이르는 말로 유성음(有聲音)을 가리킨다. 이 전탁자는 《훈민정음》의 17초성에는 포함되지 않았으나, 《동국정운》의 23자모에는 포함되었다. 이밖에도 불청불탁(不淸不濁)도 있었는데, 이는 비음(鼻音) 'ㄴ, ㅁ, ㆁ' 등과 유음(流音) 'ㄹ'을 지칭하는 것이었다.

이상 살펴본, 발음 위치에 따른 아설순치후반설반치와 음성적 특질인 전차청탁의 분류에 의해 《동국정운》의 23자모 체계를 도표로 나타내면 다음과 같다. 이 자모 체계에서 전탁자 'ㄲ, ㄸ, ㅃ, ㅆ, ㅉ, ㆅ'을 제외하면, 《훈민정음》의 17초성체계를 이루게 된다.

소리의 성질 / 발음 위치	전청(全淸)	차청(次淸)	전탁(全濁)	불청불탁(不淸不濁)
아음(어금닛소리)	ㄱ	ㅋ	ㄲ	ㆁ
설음(혓소리)	ㄷ	ㅌ	ㄸ	ㄴ
순음(입술소리)	ㅂ	ㅍ	ㅃ	ㅁ
치음(잇소리)	ㅅ·ㅈ	ㅊ	ㅆ·ㅉ	
후음(목소리)	ㆆ	ㅎ	ㆅ	ㅇ
반설음(반혓소리)				ㄹ
반치음(반잇소리)				ㅿ

5) 변통(變通)은 '형편과 경우에 따라서 일을 융통성 있게 잘 처리함'을 뜻한다.

6) 청음(淸音)은 중국의 음운학(音韻學)에서 무성음(無聲音)을 가리키는 용어와 관련이 있다. 중국 음운학에서는 자모를 청·탁에 따라 전청(全淸)·차청(次淸)·전탁(全濁)·불청불탁(不淸不濁) 등으로 세분하였는데, 청·탁은 현대 언어학의 용어로 말하자면, 유기(有氣)·무기(無氣)·유성(有聲)·무성(無聲) 등의 조음방법의 특징에 따른 분류 기준에 해당한다. 전청은 무성무기음, 차청은 무성유기음, 전탁은 유성음, 불청불탁은 비음·유음 및 약한 마찰음 등에 해당한다고 할 수 있다.

《국문연구의정안》에 의하면, '청음'에 분류된 국어의 자음은 'ㄱ, ㄴ, ㄷ, ㄹ, ㅁ, ㅂ, ㅅ, ㅇ, ㅈ, ㆆ'의 10 자음이다. 이 자음들 가운데 'ㄴ, ㅁ, ㅇ'은 비음이고, 'ㄹ'은 유음으로서 이들은 《훈민정음》의 초성체계에서는 불청불탁으로 분류된 것이고, 'ㄱ, ㄷ, ㅂ, ㅅ, ㅈ'은 전청에, 'ㆆ'은 차청에 분류된 것이다. 'ㆆ'을 제외한다면, 《국문연구의정안》에서의 청음은 전청과 불청불탁에 해당하는데, 여기서 청음이 중국 음운학의 청·탁에서 '청'의 개념과 관련이 있지만 차이점이 있음을 알 수 있다.

7) 격음(激音)은 무성유기음(無聲有氣音)을 지칭하기 위해서 새로 만든 용어이다. 'ㅍ, ㅌ, ㅊ, ㅋ' 등이 이에 해당한다. 《훈민정음 해례본》에서는 이들을 차청이라 하였다. '거센소리'라고도 한다.

8) 탁음(濁音)은 중국 음운학에서는 유성음, 곧 울림소리를 나타내는 용어인

데,《국문연구의정안》에서는 'ㄲ, ㄸ, ㅃ, ㅆ, ㅉ' 등과 같이, 구강(口腔) 안의 기압(氣壓) 및 조음기관(調音器官)의 긴장도(緊張度)가 높아서 강하게 파열되는 된소리를 나타내기 위해 사용하고 있다.

원 문

	牙音	舌音	脣音	齒音	喉音
청음	ㆁ ㄱ	ㄴ ㄷ ㄹ	ㅁ ㅂ	ㅅ ㅈ	ㆆ
격음	ㅋ	ㅌ	ㅍ	ㅊ	
탁음	ㄲ	ㄸ	ㅃ	ㅆ ㅉ	

현대어역

	아음	설음	순음	치음	후음
청음	ㆁ ㄱ	ㄴ ㄷ ㄹ	ㅁ ㅂ	ㅅ ㅈ	ㆆ
격음	ㅋ	ㅌ	ㅍ	ㅊ	
탁음	ㄲ	ㄸ	ㅃ	ㅆ ㅉ	

역주 · 해설

* 자음을 조음의 위치와 소리의 성질에 따라 분류해 놓고 있다. 자음의 수는 모두 19개인데, 이는 현대 국어에까지 그대로 이어지고 있다.

자음의 분류에 있어서 조음의 위치에 의한 분류를 위해 사용된 용어는 아음, 설음, 순음, 치음, 후음인데, 이들은 중국음운학과 《훈민정음》의 초성체계에서 사용된 용어를 그대로 가져온 것이다. 다만 《훈민정음》과는 달리, 반설음과 반치음이 빠져 있는데, 반치음은 이미 소실된 자음인

점을 제외한다면, 《훈민정음》에서 반설음으로 분류된 'ㄹ'을 여기서는 설음에 분류해 놓은 차이점을 보인다고 하겠다. 한편, 19개 자음 가운데 'ㄹ'이 설음에 분류된 것을 제외하면, 《국문연구의정안》에서 아음, 설음, 순음, 치음, 후음에 배당된 자음들은 《훈민정음》에서 배당된 것과 완전히 일치한다. 이러한 일치는 'ㅅ, ㅆ, ㅈ, ㅊ, ㅉ' 등이 모두 《훈민정음》에서처럼 치음으로 분류된 것에서 확인할 수 있다. 그러나 《훈민정음》 창제 당시에는 이들을 모두 치음으로 분류할 수 있는 것이지만, 《국문연구의정안》이 만들어지는 시점에는 'ㅈ, ㅊ, ㅉ'이 구개음으로 발음되었으므로, 'ㅅ, ㅆ'과는 달리 분류했이야 했다.

소리의 성질에 따른 분류에 있어서 탁음에 분류된 'ㄲ, ㄸ, ㅃ, ㅆ, ㅉ'은 《훈민정음》 초성체계에서는 전탁에 분류된 것이었다. 한편 무성유기음 'ㅋ, ㅌ, ㅍ, ㅊ'은 새로이 설정된 용어인 '격음'에 배속되어 놓았는데, 이들은 《훈민정음》 초성체계에서는 차청에 배속된 것이었다. 《훈민정음》에서 차청에 배속되었던 'ㅎ'이 여기서는 격음이 아니라 청음에 배속되어 있다. 한편 청음에는 10개 자음이 배속되어 있는데, 이 가운데 'ㄱ, ㄷ, ㅂ, ㅅ, ㅈ'은 《훈민정음》 초성체계에서는 전청에, 'ㄴ, ㄹ, ㅁ, ㅇ'은 불청불탁에 'ㅎ'은 차청에 배속된 것이었다.

원 문

七 四聲票[1)]의 用否 及 國語音의 高低法

本題에 對ᄒᆞᆫ 各委員의 意見은 差異가 有ᄒᆞ나 玆에 畧ᄒᆞᆷ

<13a>

平上去入[2)]의 四聲은 國語音에 必要가 無ᄒᆞ니 不用ᄒᆞᆷ이 可ᄒᆞ고 高低 卽 長短音의 二種으로만 定ᄒᆞ야 短音은 無点이오 長音은 字의 左肩[3)]에 一点을 加ᄒᆞ야 票ᄒᆞᆷ이 可ᄒᆞ도다

현대어역

7. 사성표의 사용 여부 및 국어음의 고저법

본제에 대한 각 위원의 의견은 차이가 있으나 여기서는 생략함.

평상거입의 사성은 국어음에 필요가 없으니 사용하지 않는 것이 옳고, 고저 즉 장단음의 두 종류로만 정하여 단음은 점이 없고, 장음은 글자의 왼쪽어깨에 점 하나를 더하여 나타내는 것이 옳도다.

역주 · 해설

* 이 연구 과제도 지석영의 《신정국문》에 의해서 제기되었던 것이다. 《신정국문》의 고저변(高低辨)을 보면, 상성과 거성은 오른쪽에 점을 하나 찍을 것을 규정하였고, 또, 예성(曳聲), 곧 장음도 오른쪽에 점 하나를 찍을 것을 규정하고 있다. 그런데, 상성과 거성은 한자음의 경우를, 긴소리는 우리말의 경우를 예로 들어 풀이하여 놓았는데, 한자음의 예로 '動[움직일 동·]'과 '同[한가지 동]'을 제시하였고, 우리말의 예로 '발·'[簾]과 '발'[足]을 제시하였다.

《국문연구의정안》은 지석영의 이런 주장 가운데 한자음에 관한 것은 채택하지 않고, 국어음에 관한 것은 채택하였다. 지석영의 《신정국문》이 직접적인 원인이 되어 발족하게 된 국문연구소에서 행한 작업들이 지석영의 주요한 주장들을 거의 모두 부정하는 것으로 일관하고 있는 데 반해, 이 경우만은 지석영의 안을 일부 받아들이고 있는 것이다. 다만, 점을 오른쪽이 아닌 왼쪽어깨에 더하기로 한 것과 한자음의 경우는 받아들여지지 않은 세부적인 차이는 있다.

1) 사성표(四聲票)란 사성(四聲)을 나타내는 표를 말하는 것이며, 사성은 《훈민정음》에서, 중세 국어의 성조를 중국의 전통적 술어인 평성, 상성, 거성,

입성을 그대로 적용하여 네 종류로 나눈 것을 통틀어 이르는 말로서, 글자 왼쪽 곁에 방점을 찍어 표시하였다.

2) 평상거입(平上去入)은 평성(平聲), 상성(上聲), 거성(去聲), 입성(入聲)을 말한다. 평성(平聲)은 낮은 소리이고, 상성(上聲)은 처음이 낮고 나중이 높은 소리이며, 거성(去聲)은 높은 소리이다. 입성(入聲)은 소리의 높낮이와는 별도로, 종성이 'ㄱ, ㄷ, ㅂ'로 끝나는 음절들을 묶은 것이다. '평상거입'에 대한 더 자세한 설명을 제1과제에서의 역주를 참조할 것.

3) 좌견(左肩)은 '왼쪽 어깨'를 뜻한다.

원 문

八 字母의 音讀 一定

本題에 對ᄒᆞᆫ 各委員의 意見도 差異가 有ᄒᆞ나 玆에 畧ᄒᆞᆷ

字母의 音讀은 訓蒙字會에 始著[1]ᄒᆞᆫ바 其後 諸書에 字會의 音讀을 一遵[2]ᄒᆞᆫ지라 現行 字母만 擧ᄒᆞ야 音讀을 左와 如히 定ᄒᆞ노라

ㅇ 이응 ㄱ 기윽 ㄴ 니은 ㄷ 디읃 ㄹ 리을 ㅁ 미음 ㅂ 비읍 ㅅ 시읏 ㅈ 지읒 ㅎ 히읗 ㅋ 키읔 ㅌ 키읕[3] ㅍ 피읖 ㅊ 치읓
ㅏ 아 ㅑ 야 ㅓ 어 ㅕ 여 ㅗ 오 ㅛ 요 ㅜ 우 ㅠ 유 ㅡ 으 ㅣ 이 ㆍ ᄋᆞ

현대어역

8. 자모의 음독 일정

본제에 대한 각 위원의 의견도 차이가 있으나 여기서는 생략함.

자모의 음독은 《훈몽자회》에 처음 나타난바, 그 후 여러 책에서 《훈몽자회》의 음독을 하나처럼 쫓는지라 현행 자모만 들어서, 음독을 아래와 같

이 정하노라.

ㆁ 이응 ㄱ 기윽 ㄴ 니은 ㄷ 디읃 ㄹ 리을 ㅁ 미음 ㅂ 비읍 ㅅ 시읏 ㅈ 지읒 ㅎ 히읗 ㅋ 키읔 ㅌ 키읕 ㅍ 피읖 ㅊ 치읓

ㅏ 아 ㅑ 야 ㅓ 어 ㅕ 여 ㅗ 오 ㅛ 요 ㅜ 우 ㅠ 유 ㅡ 으 ㅣ 이 ㆍ ᄋᆞ

역주 · 해설

* 한글 자모의 명칭을 규정하고 있는 부분이다. 《훈민정음》 창제 당시 한글 자모의 명칭이 무엇이었는지에 대해서는 확실한 정보가 없다. 다만 'ㄱᄂᆞᆫ 엄쏘리니'에서 보듯이 'ㄱ' 다음에 나온 보조사가 자음 뒤에 나오는 'ᄋᆞᆫ'이 오지 않고 모음 뒤에 출현하는 'ᄂᆞᆫ'이 나온 것으로 봐서 모음으로 끝난 명칭으로 불려진 것으로 보이며, 또한 음성모음 뒤에 나오는 '는'이 아니라 양성모음이나 중성모음 뒤에 나오는 'ᄂᆞᆫ'이 나온 것으로 봐서 이 모음은 양성모음이거나, 중성모음일 것으로 보인다. 중성모음이라면 'ㄱ'은 '기'로 읽혀졌을 것이다. 양성모음이라면, 하늘을 상형하여 만든 기본자 'ㆍ'일 가능성이 높고, 그렇다면 'ᄀᆞ'와 같이 불려졌을 것이다.

자모의 명칭에 있어서 《훈몽자회》 범례는 매우 중요한 의미를 갖는다. 《훈몽자회》 범례는 자모의 배열과 함께 각자모의 음가를 한자의 예를 들어 제시하였는데, 이 예가 오늘날 한글 자모의 명칭으로 굳어졌기 때문이다. 다음은 《훈몽자회》에서 제시한 언문 자모의 범례이다.

(i) 초종성통용팔자(初終聲通用八字)

ㄱ 其役 ㄴ 尼隱 ㄷ 池(末) ㄹ 梨乙

ㅁ 眉音 ㅂ 非邑 ㅅ 時(衣) ㆁ 異凝

(ii) 초성독용팔자(初聲獨用八字)

ㅋ 箕 ㅌ 治 ㅍ 皮 ㅈ 之

ㅊ 齒　ㅿ 而　ㆁ 伊　ㆆ 屎

(iii) 중성독용십일자(中聲獨用十一字)

ㅏ 阿　ㅑ 也　ㅓ 於　ㅕ 余　ㅗ 吾　ㅛ 要

ㅜ 牛　ㅠ 由　ㅡ 應　ㅣ 伊　ㆍ 思

위《훈몽자회》범례에서 '기역(其役)'은 'ㄱ'의 명칭이라기보다는 'ㄱ'이 초성과 종성에 두루 쓰이므로, 그것이 초성과 종성에 쓰인 예를 각각 제시한 것이다. 곧 초성에 쓰인 예로 '기(其)'를 제시하고, 종성에 쓰인 예로 '역(役)'을 제시하였던 것이다. 현행 한글맞춤법에서 'ㄱ'을 '기역'이라 한 역사적 근거가 바로 여기에 있는 것이다. 'ㄱ'을 '기역(其役)'과 같이 초성과 종성에 사용된 예를 제시한 것과 같은 방식으로, 나머지 초종성통용자는 'ㄴ(尼隱)', 'ㄷ(池(末))', 'ㄹ(梨乙)', 'ㅁ(眉音)', 'ㅂ(非邑)', 'ㅅ(時(衣))', 'ㆁ(異凝)' 등과 같이 제시하였다. 여기에서 보듯이, 초성의 예로 제시한 것은 해당 초성 다음에 '이' 모음을 갖는 한자를 제시하고 있다. 예를 들어 'ㄱ'은 '기(其)'를 제시하고, 'ㄴ'은 '니(尼)'를 제시하고 있는 것이다. 그리고 종성의 예는 '으' 모음 다음에 해당 종성을 갖는 한자를 제시하고 있다. 'ㄴ'의 경우, '은(隱)', 'ㄹ'의 경우 '을(乙)'을 제시하고 있는 것이 바로 그 예이다. 그런데, 'ㄱ'의 경우는 '윽'으로 읽히는 한자가 아니라, '역(役)'자를 제시하고 있다. 이는 한자음에 '윽'이 없기 때문에 궁여지책으로 '역'을 제시한 데 말미암은 것이다. 해당 음을 갖는 한자가 없기 때문에 음이 다른 한자로 제시한 것으로는 'ㄱ' 이외에도 'ㄷ'과 'ㅅ'이 있는데, 이 경우는 이 자음이 한자에서 종성으로 사용된 예가 없기 때문에 불가피하게 고유어를 제시하고 있다. 'ㄷ'과 'ㅅ'의 종성의 예로 보인 '말(末)'과 '의(衣)'는 글자 둘레에 동그라미를 해 놓았는데, 이는 한자를 음독하지 말고 훈독하라는 표시이다. '말(末)'과 '의(衣)'의 뜻에 해당하는 고유어 '귿'과 '옷'으로 읽으라는 표시인 것이다.(현행 한글맞춤법에서 자모의 명칭이 '니은, 리을, 미음, 비읍… 등등'에서처럼 첫 음절은 'ㅣ'모음

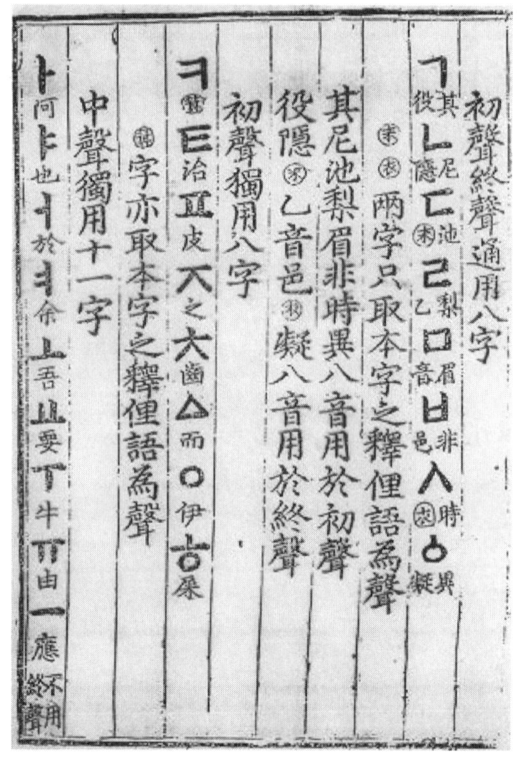
初聲終聲通用八字

ㄱ其役 ㄴ尼隱 ㄷ池(末) ㄹ梨乙 ㅁ眉音 ㅂ非邑 ㅅ時(衣) ㆁ異凝

(末)(衣)兩字只取本字之釋俚語爲聲

其尼池梨眉非時異八音用於初聲

役隱(末)乙音邑(衣)凝八音用於終聲

初聲獨用八字

ㅋ(箕) ㅌ治 ㅍ皮 ㅈ之 ㅊ齒 ㅿ而 ㅇ伊 ㅎ屎

(箕)字亦取本字之釋俚語爲聲

中聲獨用十一字

ㅏ阿 ㅑ也 ㅓ於 ㅕ余 ㅗ吾 ㅛ要 ㅜ牛 ㅠ由 ㅡ應不用終聲

을 갖고 둘째 음절은 '으' 모음을 갖는 것과는 달리, 'ㄱ'과 'ㄷ', 'ㅅ'이 각각 '기역', '디귿', '시옷'과 같이 읽게 규정되어 있어 일관성을 보이지 않게 된 역사적 근거가 바로 여기에 있다.)

초성과 종성에 두루 사용되는 자음자와는 달리, 초성에만 사용되는 자음자는 초성에 사용된 예만 들어 놓았다. 이는 중성의 경우에도 마찬가지이다. 다만 초성 자모의 경우에는 해당 초성 다음에 '이'모음을 갖는 한자를 예로 제시한 반면(가령, 'ㅍ'의 경우 '피(皮)', 'ㅈ'의 경우 '지(之)' 등등), 중성 자모의 경우는 중성 자체만으로 음절을 이루므로 해당 중성을 갖는 한자를 예로 제시해 놓았다(가령, 'ㅏ'의 경우 '아(阿)', 'ㅑ'의 경우 '야(也)').

이상에서 보듯이 《훈몽자회》에서는 언문 자모의 사용례로서, 해당 한자를 제시해 놓았던 것인데, 이후의 연구에서 이 사용례가 자모의 명칭으로 인식되어 굳어져가게 된다.

《국문연구의정안》은 《훈몽자회》 범례와 그 이후 전개된 실학자들의 연구 업적에 영향을 받되, '기윽, 니은, 디읃, 리을…, 시읏…' 등과 같이, 각 해당 자모가 초성에 사용된 예를 첫 음절에서 제시하고(이때, '이'모음이 결합), 둘째 음절에서는 종성에 사용된 예를 보임(이때 '으'모음이 결합)을 일관되게 제시하여 자모의 명칭을 부여하고 있다. 나아가 《훈몽자회》에서는 초성에서만 사용되기 때문에 한 음절만 제시된 초성자 'ㅈ, ㅊ, ㅋ, ㅌ, ㅍ, ㅎ' 등까지도 종성으로 쓴다는 앞의 제5제의 의결에 따라, 그 명칭도 각각 '지읒, 치읓, 키읔, 티읕, 피읖, 히읗'과 같이 두 음절로 제시하고 있다.(현재 북한의 자모 명칭은 《국문연구의정안》의 그것과 동일하다.) 1933년 조선어학회에서는 한글맞춤법통일안을 정할 때에 다른 것은 《국문연구의정안》의 그것과 모두 동일하나, 모음자에서 'ㆍ'를 제외시키는 한편, 자음자의 경우 'ㄱ'은 '기역', 'ㄷ'은 '디귿', 'ㅅ'은 '시옷'이라고 한 차이점을 보인다.

1) 시저(始著)는 '처음 드러냄'을 뜻한다.
2) 일준(一遵)은 '지키고 받들어서 어기지 아니함'을 뜻한다.
3) '키읕'은 '티읕'의 오기이다. 등사본에는 '티읕'으로 되어 있다.

원 문

<13b>

九 字順 行順의 一定

本題에 對흔 各委員의 意見도 互相 差異홈이 有흐나 玆에 畧홈

字順은 訓民正音 以後 諸書에 初聲은 互相 不同ᄒᆞ나 牙舌脣齒喉 五音과 淸激 二音의 區別 如左히 一定ᄒᆞ고 中聲은 字會를 從ᄒᆞ노라

ㆁ ㄱ ㄴ ㄷ ㄹ ㅁ ㅂ ㅅ ㅈ ㆆ ㅋ ㅌ ㅍ ㅊ　　以上 初聲
ㅏ ㅑ ㅓ ㅕ ㅗ ㅛ ㅜ ㅠ ㅡ ㅣ ㆍ　　以上 中聲

현대어역

9. 자순 행순의 일정

본제에 대한 각 위원의 의견도 서로 차이가 있으나 여기서는 생략함.

자모의 순서는 《훈민정음》 이후 여러 책에서 초성은 서로 같지 않지만, 아음·설음·순음·치음·후음의 5음과 청음·격음의 2음의 구별로 아래와 같이 일정하고, 중성은 《훈몽자회》를 따르노라.

ㆁ ㄱ ㄴ ㄷ ㄹ ㅁ ㅂ ㅅ ㅈ ㆆ ㅋ ㅌ ㅍ ㅊ　　이상 초성
ㅏ ㅑ ㅓ ㅕ ㅗ ㅛ ㅜ ㅠ ㅡ ㅣ ㆍ　　이상 중성

역주·해설

* 한글 자모의 순서를 규정하고 있는 부분이다. 《훈민정음》 창제 당시 자모의 순서는 정해진 것이 없는 것으로 짐작된다. 다만 《훈민정음》 예의(例義)에 나온 순서는 다음과 같다.

초성 : ㄱ ㅋ ㆁ ㄷ ㅌ ㄴ ㅂ ㅍ ㅁ ㅈ ㅊ ㅅ ㆆ ㅎ ㅇ ㄹ ㅿ
중성 : ㆍ ㅡ ㅣ ㅗ ㅏ ㅜ ㅓ ㅛ ㅑ ㅠ ㅕ

이 예의(例義) 부분에서 보듯이 초성은 아(牙), 설(舌), 순(脣), 치(齒), 후음(喉音)의 5음 순으로 배열하였고, 그 뒤에 반설음과 반치음을 배열하였다. 같은 음인 경우는 청탁에 따라 전청, 차청, 불청불탁의 순으로 배열하였다. 모음은 천·지·인의 순으로 '·, ㅡ, ㅣ'의 기본자가 먼저 제시된 후 초출자 'ㅗ, ㅏ, ㅜ, ㅓ', 재출자 'ㅛ, ㅑ, ㅠ, ㅕ'의 순으로 배열하였다. 이 예의에 나온 배열 순서가 훈민정음 자모의 순서로 굳어진 것은 아닌 것으로 보인다.

그런데 최세진의 《훈몽자회》(1527) 범례에서 자모의 배열 순서는 크게 변화를 겪으며, 최세진이 의도했든 의도하지 않았든 간에, 이후 한글 자모의 배열 순서의 정립에 크게 영향을 미치게 된다. 다음은 《훈몽자회(訓蒙字會)》의 범례에 나오는 자모의 배열 순서이다.

초성 : ㄱ ㄴ ㄷ ㄹ ㅁ ㅂ ㅅ ㆁ ㅋ ㅌ ㅍ ㅈ ㅊ ㅇ ㅿ ㅎ
중성 : ㅏ ㅑ ㅓ ㅕ ㅗ ㅛ ㅜ ㅠ ㅡ ㅣ ·

초성의 배열 순서가 크게 바뀐 것은 팔종성법과 관련이 있다. 《훈몽자회》 범례는 우선 초성과 종성에 두루 사용되는, 이른바 초종성통용팔자(ㄱ, ㄴ, ㄷ, ㄹ, ㅁ, ㅂ, ㅅ, ㆁ)를 먼저 배열하고, 다음에 초성에만 사용된, 이른바 초성독용팔자(ㆁ, ㅋ, ㅌ, ㅍ, ㅈ, ㅊ, ㅇ, ㅿ, ㅎ)를 나중에 배열한 것이었다. 그리고 같은 초종성통용인 경우, 대체로 아설순치후의 5음 순으로 배열하였으며, 초성독용의 경우도 아설순치후의 5음 순으로 배열하였던 것이다. 중성의 배열 순서는 개구도가 큰 모음으로부터 개구도가 작은 모음의 순으로 함으로써('·'만 제외), 천지인(天地人) 삼재(三才)를 기준으로 하였던 훈민정음에서의 순서와 다르게 되었고(강신항 1983:65 참조), 이 순서가 오늘날까지 쓰이고 있다는 점에서 큰 의미를 갖게 된다.

《훈몽자회》의 범례에 나온 자모의 배열 순서는 이후 실학자들의 연구서에 크게 영향을 미치게 된다. 실학자들의 연구업적 가운데, 홍계희(洪

啓禧)의《삼운성휘(三韻聲彙)》(1751)의 순서는 오늘날의 배열 순서와 거의 일치한다. 다음은《삼운성휘》에서 제시된 자모의 배열 순서이다.

ㄱ ㄴ ㄷ ㄹ ㅁ ㅂ ㅅ ㆁ ㅈ ㅊ ㅌ ㅋ ㅍ ㅎ
ㅏ ㅑ ㅓ ㅕ ㅗ ㅛ ㅜ ㅠ ㅡ ㅣ ㆍ

위 배열 순서는 오늘날 채택하고 있는 자모 배열 순서와 'ㅋ'과 'ㅌ'의 순서만 바뀌어 있는 차이가 있을 뿐 다른 것은 동일하다.《훈몽자회》의 그것과 비교하면 초종성통용자를 먼저 두고 초성독용자를 뒤에 둔 것은 같다. 초종성통용자들 간의 순서는 대체로 아설순치후의 순서로 되어 있어《훈몽자회》의 그것과 완전히 같다. 그런데 초성독용자들 간의 순서는 'ㅿ'과 'ㆁ'이 제외되어 있고, 나머지 6자가 치음자 'ㅈ, ㅊ'이 앞에 나오고 다음에 설음자 'ㅌ', 아음자 'ㅋ', 순음자 'ㅍ', 후음자 'ㅎ'의 순서로 되어 있는 점이《훈몽자회》가 아설순치후의 5음 순으로 'ㅋ, ㅌ, ㅍ, ㅈ, ㅊ, ㅎ'이라 한 것과 다르다.

초성 자모의 배열 순서에 있어서《국문연구의정안》의 안은 제6제에서 설정한 자음 체계에서의 순서와 그대로 일치한다. 청음자(淸音字) 'ㆁ, ㄱ, ㄴ, ㄷ, ㄹ, ㅁ, ㅂ, ㅅ, ㅈ, ㅎ'을 앞에 두고, 격음자(激音字) 'ㅋ, ㅌ, ㅍ, ㅊ'을 나중에 배치한 것이다. 그리고 청음자들 간의 순서와 격음자들 간의 순서는 각각 아설순치후의 5음 순을 정확히 따랐다. 'ㆁ'이 맨 앞에 나오는 것은 실학시대의 연구들에서도 찾아보기 힘들고, 강위의《동문자모분해(東文字母分解)》(1869)에서 확인할 수 있을 정도인데, 이 순서는 불청불탁으로 분류되던 'ㆁ'이《국문연구의정안》에서는 청음으로 분류되었고, 이 'ㆁ'이 아음이므로 모든 자모의 순서에 앞에 나와 있는 것이다.

한편《국문연구의정안》의 이 안은 어윤적 위원의 안을 그대로 가져온 것이다. 다만 어윤적은 'ㆍ'의 폐지를 주장하였으므로, 모음자에서 'ㆍ'가 빠져 있음이 다를 뿐이다. 이런 사실은 최종보고서로서《국문연구의정안》에 첨부된《국문연구》에서 어윤적이 제시한 안에서 확인된다. 반면 주시경은 《국문연구》에서 자음의 순서를 'ㄱ, ㄴ, ㄷ, ㄹ, ㅁ, ㅂ, ㅅ, ㅈ, ㅇ, ㅎ, ㅋ, ㅌ, ㅍ, ㅊ'과 같이 주장하여 'ㅇ'의 위치에 있어서만 어윤적의 안과 차이를 보이고 있다.

모음자의 배열 순서는 《훈몽자회》의 그것과 완전히 동일하다. 어윤적은 《국문연구》에서 'ㅗ, ㅣ, ㅡ, ㅛ, ㅏ, ㅑ, ㅜ, ㅠ, ㅓ, ㅕ'와 같이 할 것을 주장하고, 주시경은 'ㅏ, ㅓ, ㅗ, ㅜ, ㅡ, ㅣ, ㅑ, ㅕ, ㅛ, ㅠ'와 같이 할 것을 주장했는데, 이 두 주장이 모두 받아들여지지 않은 것이다.

1933년 조선어학회에서는 한글맞춤법통일안을 정할 때에 《훈몽자회》의 자음자 배열에서 'ㅋ·ㅌ·ㅍ'과 'ㅈ·ㅊ'의 순서를 바꾸고 'ㆁ'을 없애는 대신, 'ㅇ'를 그 자리에 놓아 배열을 개정하였다. 모음자는 'ㆍ'를 배제시킨 외에는 동일하다.

원 문

行順[1]은 中聲으로 爲綱[2]ᄒᆞ고 初聲의 字順ᄃᆡ로 排行ᄒᆞ야 如左히 一定홈이 可ᄒᆞ도다

아야어여오요우유으이ᄋᆞ

가갸거겨고교구규그기ᄀᆞ

<14a>

以下 倣此

현대어역

행순은 중성으로 벼리를 삼고, 초성의 자순대로 행을 배열하여, 다음과 같이 일정함이 가하도다.

아 야 어 여 오 요 우 유 으 이 ᄋᆞ

가 갸 거 겨 고 교 구 규 그 기 ᄀᆞ

이하 이를 본뜸.

역주 · 해설

* 행순은 초성을 가지지 않는 중성자를 제1행에 두고, 다음은 초성과 중성이 합해진 것을 자순에 따라 배열하였다. 이 부분 역시 맞춤법과 직접적인 관련이 없는 부분이다.

1) 행순(行順)은 '행의 순서'를 말하는데, 여기서 '행(行)'은 반절본문에서의 '행'을 말한다. 반절본문은 한글 자모를 반절식으로 자음 'ㄱ, ㄴ, ㄷ, ㄹ, …'과 모음 'ㅏ, ㅑ, ㅓ, ㅕ, …'를 합쳐 '가, 갸, 거, 겨, …, 나, 냐, 너, 녀, …'의 순서로 늘어놓아 배열한 11행 14자의 작자표(作字表)를 말한다.

2) 위강(爲綱)은 '벼리를 삼음'을 뜻한다.

원 문

十 綴字法

本題에 對ᄒᆞ야는 各委員이 異見이 無ᄒᆞᆷ

綴字法[1]은 訓民正音 例義ᄃᆡ로 仍舊[2] 綴用ᄒᆞᆷ이 可ᄒᆞ도다

현대어역

10. 철자법

본제에 대해서는 각 위원들 간에 다른 견해가 없음.

철자법은 《훈민정음》 예의대로 다름없이 철용하는 것이 온당하도다.

역주 · 해설

* 여기서 이르는 철자법은 음절 합자(音節合字)를 이르는 말이다. 이는 제10회 의결에서 "초성과 종성을 합하여 쓸 때는 나란히 병서를 하고, 'ㅡ, ㅗ, ㅜ, ㅛ, ㅠ'는 초성 아래 붙여 쓰고, 'ㅣ, ㅏ, ㅓ, ㅑ, ㅕ'는 오른쪽에 붙여 쓰라."고 《훈민정음》 〈예의〉에서의 규정을 그대로 의결하고 있음에서 확인할 수 있다.

그런데 제10회 의결에서는 또다른 철자법으로, 초성·중성·종성자를 좌에서 우로 가로쓰기할 것을 의결하고 있는데, 이는 이른바 '풀어쓰기' 방식을 의결한 것으로서, 앞서 《훈민정음》의 음절 합자 규정을 따르기로 한 의결과 모순을 보이고 있다.

이 '가로쓰기' 주장은 주시경이 주장하여 가결을 본 것인데, 주시경은 《국문연구》에서 음절 단위로 합자하는 것은 자모를 가로쓰기했다가(이는 '가'의 'ㄱ+ㅏ'가 합해지는 방식이라 할 수 있다.) 세로쓰기했다가(이는 '고'의 'ㄱ+ㅗ'이 합해지는 방식이라 할 수 있다.) 해야 하는데, 이보다는 각각의 자모를 모두 가로쓰기하는 것이 발음의 선후를 따르는 것이고, 또 조판하기가 쉽다고 하면서, '우리나라가밝고곱다'를 'ㅜ리 나라 가 바ㄹㄱ ㄱㅗ ㄱㅗㅂ ㄷㅏ'와 같이 가로로 풀어쓰는 예를 제시하고 있다.

1) 철자법(綴字法)은 오늘날 쓰이는 용어로서의 철자법(spelling)이 아니라, 《훈민정음》에서의 음절 합자 방식을 이르는 말이다.

《훈민정음》 〈예의〉는 "무릇 글자는 모름지기 합해져야 소리를 이룬다[凡字必合而成音 범자필합이성음]"라고 하여 초성, 중성, 종성이 합하여 하나의 음(여기서는 음절을 의미)을 이룬다는 설명을 하고 있다.(이러한 인식 때문에 동국정운식 한자음을 재구할 경우에는 종성에 소리가 없을 경우에도 'ㅇ'이나

'ㅸ'을 붙였다. 그러나 고유어의 경우에는 그렇지 않았다.) 성음법에 대해서 《훈민정음 해례본》 합자해는 "초·중·종 세 소리가 어울려서 글자(여기서는 음절)를 이룬다[初中終三聲 合而成字 초중종삼성 합이성자]"라 하고 있다.
한편, 홀로 소리를 이루지 못하는 종성도 또한 초성처럼 중성과 함께 쓰여야 할 것인데, 그 위치에 대해서 《훈민정음 해례본》 합자해는 명시적 규정을 하고 있다. 곧 "종성은 중성 아래에 쓴다[終聲在初中之下 종성재초중지하]"고 하고 있고, 그 예로 '君(군)'자의 'ㄴ'은 '구' 아래에 쓴다고 하고 있다. 이상과 같은 합자에 대한 규정으로 인해서 한글 자모는 음소 문자이면서도 운용상에서는 음절 문자와 같은 성격을 갖게 되었다.

2) 잉구(仍舊)는 '고치지 않고 이전대로 둠, 또는 그전과 다름없이 행함'을 뜻한다.

<14b>

의결록(議決錄)

원 문

<25a>

第一二回 議決

○ 檀君時代에는 國文의 有無를 可考가 無흠

○ 箕子時代에는 漢文이 輸入[1]되야 言文이 二致되고 漢文이 國語에 混用된[2]으로 認定흠

○ 新羅時代에는 薛聰이 漢字의 音을 假借ᄒᆞ야 吏讀를 作ᄒᆞ야 公牘[3]에 用ᄒᆞ얏스니[4] 此는 國文을 造作ᄒᆞ는 思想의 胚胎라 認定흠

○ 高麗 忠肅王 時代에는 元公主가 畏吾兒[5)]라 ᄒᆞ는 文字를 用ᄒᆞ얏다ᄒᆞ나 其 文字의 形體가 文獻에 傳來ᄒᆞᆷ이 無ᄒᆞᆫ즉 一般國民에게 通用되지 못ᄒᆞ든 것으로 認定ᄒᆞᆷ

현대어역

제1·2회 의결

○ 단군시대에는 우리 문자가 있었는지 여부를 살펴볼 수가 없음.

○ 기자시대에는 한문이 수입되어 언문이 이치되고(곧 말과 글이 두 가지 모양이고) 한문이 국어에 혼용된 것으로 인정함.

○ 신라시대에는 설총이 한자의 음을 가차하여 이두를 지어서 공문서에 사용하였으니, 이는 국문을 만들어짓는 사상의 배태라고 인정함.

○ 고려 충숙왕 시대에는 원나라 공주가 위구르문자를 사용하였다고 하지만, 그 문자의 형체가 문헌에 전래하는 것이 없은즉 일반국민에게 통용되지 못하던 것으로 인정함.

역주·해설

* 이 부분은《국문연구의정안》의 연구 과제 가운데 제1제 "국문의 연원(淵源)과 자체(字體) 및 발음의 연혁"에 해당하며, 1908년 9월 1일에 회의를 열어 의결한 것으로 보인다(이기문 1972:51 참조).

단군시대에는 문헌이 없어 문자의 유무를 알 길이 없으나, 기자시대에는 한문이 들어와 말과 글이 따로 노는 언문이치(言文二致)의 상황이 초래되었으며, 신라시대에 한자를 빌려서 우리말을 표기하는 이른바 차자표기법(借字表記法)인 이두가 나왔고, 고려시대에 사용되었다고 하는 위구르문자는 일반 국민에게 통용되지 못하였음을 적절하게 의결하고 있다. 이두가 국문을, 곧 우리 문자를 만들어 지어낼 사상의 싹이라고 한 지적은 탁견이다. 그리고 위구르문자가 사용된 문헌이 전래되지 않는다고 하여 위원들이 이 문자에 대한 지식이 전혀 없었음을 밝히고 있다.

1) 여기서는 '수입(輸入)'이라 되어 있으나, 《국문연구의정안》 본문에서는 '수입(隨入)'이라 하였음.
2) 관형사형 '된'이 조사 '으로'에 직결되어 있다. '됨'의 오기(誤記)일 수도 있고 의존 명사 '것'이 생략된 것일 수도 있다. 그러나 관형사형 어미 '-(으)ㄴ'의 명사적 용법을 보여주고 있는 것일 수도 있다.
3) 공독(公牘)에서 '牘'은 '편지 독'으로서, '공독'은 '공문서'의 뜻으로 사용된 것으로 보인다.
4) 'ᄒᆞ얏으니'라 하지 않고 'ᄒᆞ얏스니'라 한 것은 중철(重綴) 표기를 보여주고 있는 것이다.
5) 외오아(畏吾兒)는 '위구르(Uighur)'의 음역어이다.

원 문

<25b>

○ 東方 舊時代에 俗用ᄒᆞ든 文字가 有ᄒᆞ얏다 ᄒᆞ되 其 文字의 形體가 文獻에 傳來홈이 無ᄒᆞᆫ즉 完備ᄒᆞᆫ 國文이 되지 못ᄒᆞ든 것으로 認定홈

○ 本朝에 至ᄒᆞ야[1]

世宗大王게읍셔 二十五年 癸亥(開國五二年 隆熙 元年前 四六四年)에[2] 國文[3] 二十八字롤 刱造ᄒᆞ샤 訓民正音[4]이라 命名ᄒᆞ시고 越 三年 丙寅에[5] 民間에 頒布[6]ᄒᆞ시다

현대어역

○ 동방 구시대에 속용하던 문자가 있었다고 하지만, 그 문자의 형체가 문헌에 전래하는 것이 없은즉 완비한 국문이 되지 못하던 것으로 인정함.

○ 본조에 이르러서 세종대왕께옵서 25년 계해(개국 52년 융희 원년전 464년)에 국문 28자를 창조하시어 훈민정음이라 명명하시고 삼년 지난 병인년에 민간에 반포하시다.

역주 · 해설

* 이 부분 역시 제1제에 해당되는데, 신경준의 저서인 《운해(韻解)》(世稱訓民正音韻解, 英祖 26年, 1750)에 언급된 바 있는 고대문자설을 부인하고 있으며, 조선 세종대에 이르러 훈민정음이 창제되고 반포되었음을 밝히고 있다.

1) 세종을 높이기 위해 행을 바꾸고 있다.
2) 서기 1443년에 해당한다. 《세종실록(世宗實錄)》 25년(1443) 12월조에 "是月上親制諺文二十八字…(중략)…是謂訓民正音."(이달에 임금께서 친히 언문 28자를 만들었는데, …(중략)…이것을 훈민정음이라 이른다)이라고 되어 있다. 북한은 세종 25년 12월을 양력으로 환산한 1444년 1월에 훈민정음이 창제된 것으로 보고 있다.
3) 여기서 '국문(國文)'이 문자로서의 '훈민정음'을 가리키고 있음을 확인한다.
4) 《훈민정음(訓民正音)》은 '백성을 가르치는 바른 소리'라는 뜻이다. 훈민정음이라고 할 때에는 두 가지의 뜻이 있음을 주의하여야 한다. 하나는 문자(文字)로서의 훈민정음이고, 다른 하나는 책자(冊子)로서의 훈민정음이다. 이 의결에 사용된 훈민정음은 문자로서의 훈민정음이다.
5) 1446년에 해당한다. 훈민정음의 반포를 1446년이라 한 것은 책자로서의 《훈민정음》이 나온 시기를 반포 시기로 잡았기 때문이다. 《훈민정음》은 세종 28년(1446년) 음력 9월에 간행되어 나왔다. 《세종실록》 권113의 28년 9월조 끝에서 "이 달에 《훈민정음》이 이룩되었다(是月訓民正音成)."라 하고 있을 뿐 아니라, 《훈민정음 해례본》의 정인지 서문 끝부분에 정통(正統) 11년 9월 상한(上澣)이라 기록되어 있어 그 사실을 쉽게 알 수 있다. 정통 11년은 세종 28년 병인에 해당하고, '상한'은 곧 '상순(上旬)'이다.

1945년 조선어학회(朝鮮語學會)는 9월 상순 가운데 늦어도 10일에는 반포된 것으로 생각되므로 9월 10일을 그 반포일이라 추산하고 이를 양력으로 환산한 10월 9일을 한글날로 삼았다. 한편 북한은 세종 25년 12월을 양력으로 환산한 1444년 1월에 훈민정음이 창제된 것으로 보고, 이 달의 중간인 1월 15일을 훈민정음 창제일로 기념하고 있다.

6) 반포(頒布)는 '세상에 널리 퍼뜨려 모두 알게 함'을 뜻한다.

원 문

○ 國文의 淵源과 字體와 發音과 五音[1]과 七音[2]과 淸濁[3]은 直接 間接으로 漢字[4]와 梵書[5]로 더블어 關係가 有흠으로 認定흠

현대어역

○ 국문의 연원과 자체(字體)와 발음과 5음(五音)과 7음(七音)과 청탁(淸濁)은 직접 간접으로 한자(漢字)와 범서(梵書)로 더불어 관계가 있는 것으로 인정함.

역주 · 해설

* 국문의 자체와 발음이 중국의 한자(여기서는 운학을 의미함)와 인도의 범서에 직간접적으로 관련되어 있음을 밝히고 있다. 범서와 관련이 있다는 언급은 당시 자체(字體)가 범자(梵字)에서 왔다는, 곧 범자기원설(梵字起源說)의 주장을 반영한 것으로 보인다. 실제로 이능화(李能和)가 《국문연구》에서 이에 대한 언급을 하고 있는바, 이능화의 의견이 반영된 것이라 할 수 있다. 그러나 《국문연구의정안》에서는 범자와의 관련성에 대한 언급을 찾아볼 수 없다.

1) 오음(五音)은 중국음운학에서 자모(字母)를 분류할 때, 아음(牙音), 설음(舌音), 순음(脣音), 치음(齒音), 후음(喉音)의 오음(五音)으로 분류한 것을 말한다.

2) 칠음(七音)은 중국음운학에서 자모(字母)를 '아(牙)·설(舌)·순(脣)·치(齒)·후(喉)'의 5음으로 분류하고 다시 반치음과 반설음의 두 반음을 추가하여 칠음으로 분류한 것을 말한다. 《훈민정음》은 이를 받아들여 초성(初聲) 17자를 만들었는데, 아음은 'ㄱ, ㅋ, ㆁ', 설음은 'ㄷ, ㅌ, ㄴ', 순음은 'ㅂ, ㅍ, ㅁ', 치음은 'ㅈ, ㅊ, ㅅ', 후음은 'ㆆ, ㅎ, ㅇ', 반설음은 'ㄹ', 반치음은 'ㅿ'이다.

3) 청탁(淸濁)은 중국 음운학에서는 성모, 곧 자음을 조음 방식에 따라 분류할 때 사용한 용어이다. 《훈민정음》에서는 이를 받아들이되, 전청(全淸), 차청(次淸), 전탁(全濁), 불청불탁(不淸不濁)이란 용어를 채택하였다. 《훈민정음》의 초성 체계에서 전청이란 'ㄱ, ㄷ, ㅂ, ㅅ, ㅈ, ㆆ' 등과 같은 평음, 즉 무성무기음(無聲無氣音)에 공통되는 음성적 특질을 이르는 말이고, 차청이란 'ㅋ, ㅌ, ㅍ, ㅊ, ㅎ' 등과 같은 유기음, 즉 무성유기음(無聲有氣音)에 공통되는 음성적 특질을 말한다.(훈민정음의 제자 원리를 말할 때, 가획의 원리란 전청자를 기본자로 만들고 여기에 획을 더하여 차청자를 만들었음을 이르는 말이다.) 전탁은 전청자를 나란히 쓴 'ㄲ, ㄸ, ㅃ, ㅆ, ㅉ, ㆅ' 따위에 공통되는 음성적 특질을 이르는 말이다. 이 전탁자는 《훈민정음》의 17초성에는 포함되지 않았으나, 《동국정운》의 23자모에는 포함되었다. 이밖에도 불청불탁(不淸不濁)도 있었는데, 이는 비음(鼻音) 'ㄴ, ㅁ, ㆁ' 등과 유음(流音) 'ㄹ'을 지칭하는 것이었다.

4) 여기서 '한자(漢字)'라 함은 엄밀히는 중국의 운서(韻書) 내지는 운학(韻學)을 말하는 것으로 보아야 할 것이다.

5) '범서(梵書)'는 '범자(梵字)'로 쓴 글을 뜻하며, 범자는 산스크리트 어를 적는 데 사용된 인도의 옛글자이다.

원 문

○ 字體 及 發音의 沿革을 論홀진ᄃᆡ 初聲字中에 ㆁ ㆆ ㅿ 三字

<26a>

는 'ㅇ'字로 合倂된[1]으로 認定홈

현대어역

○ 자체 및 발음의 연혁을 논할진대 초성자 중에 'ㆁ, ㆆ, ㅿ' 세 글자는 'ㅇ'자로 합병된 것으로 인정함.

역주 · 해설

＊ 이 부분은 《국문연구의정안》의 제2제에서 다루어지는 내용의 일부분이다. 당시 현실적으로 'ㅇ'으로 사용되고 있음을 지적하고 있는 것이지만, 《국문연구의정안》에서는 'ㆁ'을 사용하기로 결정하였다. 《훈민정음 해례본》에 의하면, 'ㅇ', 'ㆆ'(여린히읗)은 후음(喉音), 'ㅿ'은 반치음(半齒音), 'ㆁ'은 아음(牙音)으로 구별된다.

1) 관형사형 '된'이 조사 '으로'에 직결되어 있음을 다시 확인한다. '됨'의 단순한 오기(誤記)가 아니라, 관형사형 어미 '-(으)ㄴ'의 명사적 용법이 아닌가하는 추정을 굳게 한다.

원 문

○ 幷書[1]ᄒᆞ든 ㄲ ㄸ ㅃ ㅆ ㅉ 等字는 ㅲ ㅳ ㅶ로도 用ᄒᆞ드니 近俗에는 ㅺ ㅼ ㅽ ㅾ로만 用ᄒᆞᆷ으로 認定ᄒᆞᆷ

○ ㆅ 字는 初用 旋廢[2]됨으로 認定ᄒᆞᆷ

현대어역

○ 병서하던 'ㄲ, ㄸ, ㅃ, ㅆ, ㅉ' 등의 글자는 'ㅲ, ㅳ, ㅶ'로도 사용하더니 근속에는 'ㅺ, ㅼ, ㅽ, ㅾ'로만 사용함으로 인정함.

○ 'ㆅ'자는 처음에 사용되다가 폐지된 것으로 인정함.

역주 · 해설

＊ 이 부분은 제3제에서 다루어지는 내용이다. 각자병서와 합용병서가 함께 사용되어 왔음을 지적하고 있다. 그러나 이러한 지적은 각자병서와 합용병서가 구별되어 사용되었으며, 합용병서에 있어서도 ㅅ계 합용병서와 ㅂ계 합용병서 둘 간에도 구별이 있다는 인식에는 전혀 이르지 못하고 있음을 보이고 있다. 한편 여기서는 'ㆅ'이 처음에 사용되다가 없어졌다는 언급만 하고 있지만, 《국문연구의정안》에서는 'ㆅ'이 'ㆆ'과 서로 혼동되었다고 하여 'ㆅ'이 'ㆆ'과 변별적으로 사용된 데 대한 국어사적 인식에 미치지 못함을 보여주고 있다.

1) 병서란 초중종성(初中終聲)에서 수평적으로 결합하여 쓰는 것을 이르는 말로서, 《훈민정음 해례본》에 따르면 동일한 문자를 수평 결합하여 쓰는 것은 각자병서(各自竝書)이고, 서로 다른 문자를 수평 결합하여 쓰는 것은 합용병서(合用竝書)이다.
2) 선폐(旋廢)는 '없어지게 됨'의 뜻인 것으로 보인다.

원 문

○ 脣輕音[1] 初聲 諸字는 漢字母[2]의 ㅸ非 ㅹ奉 ㅱ微 등 字音에만 對照ᄒᆞ되 國語音에는 無ᄒᆞ기로 暫用[3] 旋廢[4]됨으로 認定ᄒᆞᆷ

현대어역

○ 순경음 초성 제자는 한자모의 'ㅸ(非)', 'ㅹ(奉)', 'ㅱ(微)' 등 자음에만 대조하되 국어음에는 없기로 잠시 사용되다가 없어진 것으로 인정함.

역주 · 해설

* 이 부분은 제2제에서 다루어지는 내용의 일부분이다. 순경음 4자는 'ㅱ, ㅸ, ㅹ, ㆄ'의 4 글자로서, 이들이 한자(漢字) 자모(字母)를 나타나는 데 사용된 것은 올바른 지적이지만, 이 가운데 'ㅸ'은 훈민정음 초기문헌에서 국어를 표기하는 데 사용되었는데, 이런 사실을 당시 위원들이 인식하지 못했음을 보여주고 있다.

1) 순경음(脣輕音)은 《훈민정음》에서 순음(脣音) 'ㅁ, ㅂ, ㅃ, ㅍ' 아래 'ㅇ'을 연서(連書)하여 표시한 음으로서, 'ㅱ, ㅸ, ㅹ, ㆄ' 등을 말한다. 중국 운학(韻學)의 경순음(輕脣音)에 해당하는 것으로 보이나, 《훈민정음》 또는 《동국정운(東國正韻)》의 초성체계에는 들지 못하고 규정 끝에 가서 부록과 같이 간략한 설명으로 처리되었다. 순경음 'ㅱ, ㅹ, ㆄ'은 한자음이나 중국음의 표기에 사용되었으나, 'ㅸ'은 실제로 국어표기에 사용되었다.
   순경음에 해당하는 중국 운학의 경순음은 중순음(重脣音, [b], [p], [ph], [m] 등이 이에 해당한다)에 대응되는 것으로 그 음가는 중국어에서 순치음 [f]였던 것으로 추정된다. 한국어에서 유일하게 사용된 순경음은 'ㅸ'인데, 그 음가는 양순유성마찰음 [β]이었던 것으로 추정된다.
2) 한자모(漢字母)는 중국의 자모(字母)란 뜻이다. 여기서 사용된 자모는 중국 음운학에서의 용어로서 한글이나 알파벳에서 자모라 일컫는 것과 다른 뜻이며, 한글의 초성에 해당하는 것이다. 중국 성운학(聲韻學)에서는 한 음절의 첫머리를 성모(聲母)라 하고 나머지 부분은 운모(韻母)라 하였는데, 자모는 동일한 성모를 가진 글자들 가운데에서 한 글자를 골라 그 대표로 삼은 글자이다. 예를 들어 '東 /tuŋ/'에서 /t-/가 성모, /-uŋ/이 운모이다. 조선의 세종과 학자들은 중국의 이분법 대신 삼분법을 고안하여 자음을 초성 · 중성 · 종성으로 파악하였는데, 이 경우 초성이 성모, 곧 자모에 해당된다.
3) 잠용(暫用)은 '잠시 사용됨'을 뜻한다.
4) 선폐(旋廢)는 '없어지게 됨'을 뜻한다.

원 문

○ 初聲 中 ㆁ ㆆ ㅿ ㅈ ㅌ ㅋ ㅌ ㅍ ㅎ 等 字가 終聲으로 通用ᄒᆞ든 것이 後來에는 ㄱ ㄴ ㄷ ㄹ ㅁ ㅂ ㅅ ㆁ 八字만 初終聲으로 通用홈으로 認定홈
○ 終聲에 ㄷ ㅅ 二字가 近俗에 ㅅ 一字로 專用됨으로 認定홈
<26b>

현대어역

○ 초성 중 'ㆁ', 'ㆆ', 'ㅿ', 'ㅈ', 'ㅌ', 'ㅋ', 'ㅌ', 'ㅍ', 'ㅎ' 등 글자가 종성으로 통용하던 것이 후래에는 'ㄱ', 'ㄴ', 'ㄷ', 'ㄹ', 'ㅁ', 'ㅂ', 'ㅅ', 'ㅇ' 여덟 자만 초성과 종성에 통용한 것으로 인정함.
○ 종성에 'ㄷ', 'ㅅ' 두 자가 근속에 'ㅅ' 한 자로 오로지 사용되는 것으로 인정함.

역주 · 해설

* 이 부분은 제5제에 해당하는 부분이다. 초성 17자가 종성, 곧 받침 표기에 두루 사용했던 것을 말하는 것으로 잘못 인식하고 있음을 보이고 있다. 이어서 'ㄱ, ㄴ, ㄷ, ㄹ, ㅁ, ㅂ, ㅅ, ㆁ'을 받침으로 쓰는 팔종성법이 근대 국어 이후 'ㄷ'이 'ㅅ'으로 받침 표기되는 칠종성법의 관례로 굳어졌음을 지적하고 있다.

원 문

○ 訓民正音 二十八 字母[1)]의 次序[2)]가 後來에 ㄱ ㄴ ㄷ ㄹ ㅁ ㅂ ㅅ ㆁ ㅈ ㅊ ㅋ ㅌ ㅍ ㅎ ㅏ ㅑ ㅓ ㅕ ㅗ ㅛ ㅜ ㅠ ㅡ ㅣ ㆍ로 變홈으로 認定홈

현대어역

○ 훈민정음 28자모의 차례가 후래에 'ㄱ, ㄴ, ㄷ, ㄹ, ㅁ, ㅂ, ㅅ, ㅇ, ㅈ, ㅊ, ㅋ, ㅌ, ㅍ, ㅎ, ㅏ, ㅑ, ㅓ, ㅕ, ㅗ, ㅛ, ㅜ, ㅠ, ㅡ, ㅣ, ㆍ'로 변한 것으로 인정함.

역주 · 해설

* 이 부분은 《국문연구의정안》의 제9제에서 다루어지는 내용이다. 한글 자모의 순서가 후래에 바뀐 순서를 제시하고 있는데, 흥미로운 것은 이 순서가 《한글맞춤법통일안》의 그것과 완전히 일치한다는 사실이다.

자모의 순서는 《훈민정음》 창제 당시 자모의 순서는 정해진 것이 없는 것으로 짐작되는데, 《훈몽자회》(1527) 범례에서 제시한 순서가 이후 한글 자모의 배열 순서의 정립에 크게 영향을 미치게 된다. 위 제시된 순서에서 모음자의 순서는 《훈몽자회(訓蒙字會)》의 그것과 완전히 일치한다. 초성자는 《훈몽자회》에서 'ㄱ, ㄴ, ㄷ, ㄹ, ㅁ, ㅂ, ㅅ, ㆁ, ㅋ, ㅌ, ㅍ, ㅈ, ㅊ, ㅇ, ㅿ, ㅎ'의 순서로 배열되었고, 이 순서는 이후 실학자들의 연구서에 크게 영향을 미치게 된다. 실학자들의 연구업적 가운데, 오늘날의 배열 순서와 비슷한 것은 《삼운성휘(三韻聲彙)》(1751)의 순서로서, 'ㄱ, ㄴ, ㄷ, ㄹ, ㅁ, ㅂ, ㅅ, ㆁ, ㅈ, ㅊ, ㅌ, ㅋ, ㅍ, ㅎ'과 같다. 이 배열 순서는 오늘날 채택하고 있는 자모 배열 순서와 'ㅋ'과 'ㅌ'의 순서만 바뀌어 있는 차이가 있을 뿐 다른 것은 동일하다. 그런데 흥미로운 것은 이 의결에 나타난 순서가 《삼운성휘》의 순서에서 'ㅋ'과 'ㅌ'을 바꿔 놓음으로써 현행 한글맞춤법의 배열 순서와 완전히 일치되고 있다는 사실이다. 《국문연구의정안》에서 제시한 안이 'ㆁ, ㄱ, ㄴ, ㄷ, ㄹ, ㅁ, ㅂ, ㅅ, ㅈ, ㅎ, ㅋ, ㅌ, ㅍ, ㅊ' 등이라는 사실을 고려하면, 이 의결에서의 이같은 순서가 어떻게 하여 현행 맞춤법과 동일하게 되어 있는지 궁금하게 한다.

1) 여기서 자모(字母)는 "한 개의 음절을 자음과 모음으로 갈라서 적을 수 있는 낱낱의 글자"의 뜻으로 사용되고 있다. 자음 자모와 모음 자모, 쌍자모와 복자모 따위가 있다. 중국 음운학에서는 동일한 성모(聲母)를 가진 글자들 가운데에서 한 글자를 골라 그 대표로 삼은 글자를 자모라고 하는데, 이는 한글의 초성에 해당하는 것이다.
2) '차서(次序)'는 '차례(次例)'와 같은 뜻으로서, '순서 있게 구분하여 벌여 나가는 관계'를 뜻한다.

원 문

○ 字母 音讀은 訓民正音에는 漢字音을 切取ᄒᆞ야 某某字의 初聲 中聲과 如ᄒᆞ다 ᄒᆞ셧는ᄃᆡ[1] 訓蒙字會[2]에 ㄱ을 其役[3] ㅏ를 阿라고 名呼[4]홈으로 認定홈

현대어역

○ 자모 음독은 《훈민정음》에는 한자음을 절취하여 모모자의 초성, 중성과 같다 하셨는데, 《훈몽자회》에 'ㄱ'을 '기역', 'ㅏ'를 '아'라고 명호한 것으로 인정함.

역주 · 해설

* 이 부분은 한글 자모의 명칭에 대한 기술로서, 제8과제에 해당하는 부분이다. 《훈몽자회》에서 ㄱ을 '기역'이라 하고, ㅏ를 '아'라 한 것은 그 사용례를 보여 준 것에 불과한 것이었는데, 이를 명칭을 부여한 것으로 잘못 인식해온 관행을 인정하고 있다.

1) 훈민정음 문자를 새로이 만들어 처음으로 공개되는 상황이기 때문에 그 음

가(音價)를 제시해야 하므로, 당시 공식 문자였던 한자(漢字)를 통하여 제시하였던 것인데, 《훈민정음 해례본》의 예의를 보면, 초성자는 "'ㄱ'는 연구개음이니 君(군)자의 처음 나는 소리와 같으니 나란히 쓰면 虯(규)자의 처음 나는 소리와 같으니라.[ㄱ 牙音 如君字初發聲 竝書 如虯字初發聲]"와 같이 제시하였고, 중성자는 "'·'는 '呑(탄)'자의 중성과 같으니라.[· 如呑字中聲]"와 같은 방식으로 제시하였다.

2) 《훈몽자회》는 1527년(중종 22) 최세진(崔世珍)이 어린이들의 한자(漢字) 학습을 위하여 지은 책으로 이후 여러 차례 간행되었다. 원본(原本)은 전하지 않고 1613년(광해군 5) 간행된 것이 가장 오래된 책이다. 예전에 한자 학습을 위해 쓰였던 《천자문(千字文)》, 《유합(類合)》 등의 내용이 일상생활과 거리가 멀고 추상적이어서 학습하기에 불편함이 많음을 비판하고, 구체적인 사물을 통해 한자의 음과 뜻을 쉽게 익혀 배울 수 있도록 만들었다. 생활주변에 흔히 볼 수 있는 사물을 다루어 국문을 보급하는 데 기여하였으며 또한 한자를 국역해 놓아 16세기 초 중세국어 어휘 연구에 귀중한 문헌이다.

특히 상권 책머리의 〈범례(凡例)〉에 《훈민정음》을 언문(諺文)·반절(反切)이라 부르고 〈언문자모(諺文字母)〉라 하여 당시 한글 체계와 용법에 대한 간단한 설명을 해놓았다. 훈민정음 28자 가운데 'ㆆ'이 빠진 27자를 초성종성통용팔자(初聲終聲通用八字), 초성독용팔자(初聲獨用八字), 중성독용십일자(中聲獨用十一字)로 나누고, 각 글자의 용례를 보였는데, 가령 'ㄱ'은 초성과 종성에 두루 쓰이므로, 초성에 쓰이는 '기(其)'의 예와 종성에 쓰이는 '역'(役)의 예를 들고, 'ㅍ'은 초성에만 쓰이므로 '피(皮)'의 예만 들어 놓았다.

이런 범례는 어떤 강제력을 가진 규정이 아니라, 범례를 보인 것에 불과한데, 이후 실학 시대를 거치면서 한글 자모의 명칭이 《훈몽자회》에 나타난 범례와 비슷하게 정립되게 된다. 가령 현행 한글맞춤법에서 한글 자모 'ㄱ'의 명칭을 '기역'이라고 한 역사적 근거가 바로 《훈몽자회》의 범례에 있는 것이다. 그리고 한글맞춤법의 자모 배열 순서 또한 초성종성통용팔자 'ㄱ, ㄴ, ㄷ, ㄹ, ㅁ, ㅂ, ㅅ, ㆁ', 초성독용팔자 'ㅋ, ㅌ, ㅍ, ㅈ, ㅊ, ㅿ, ㅇ, ㅎ', 중성독용십일자 'ㅏ, ㅑ, ㅓ, ㅕ, ㅗ, ㅛ, ㅜ, ㅠ, ㅡ, ㅣ, ·'로 된 《훈몽자회》 범례의 배열 순서와 거의 비슷하게 정립되었다.

3) '기역(其役)'은 《훈몽자회》 범례에서 'ㄱ'이 초성과 종성에 두루 쓰이므로,

초성에 쓰인 예로 '기(其)'를 제시하고, 종성에 쓰인 예로 '역(役)'을 제시하였던 것인데, 이런 예시가 후대에 한글 자모의 이름으로 굳어지게 되었다. 현행 한글맞춤법에서 'ㄱ'을 다른 자음들에 명칭을 부여한 방식대로 '기윽'이라 하지 않고, '기역'이라 한 역사적 근거가 바로 여기에 있는 것이다.

4) 명호(名呼)는 '이름을 부름'을 뜻한다.

원 문

○ 中聲中 ·字의 發音은 訓民正音에는 如呑字中聲이라 ᄒᆞ얏고 訓蒙字會에는 事不用初聲이라 ᄒᆞ얏는ᄃᆡ 初也에는 一字와 近似히 發音ᄒᆞ든 것이 今俗에는 ㅏ字 發音과 混訛[1]홈으로 認定홈

현대어역

○ 중성 가운데 '·'자의 발음은 《훈민정음》에는 "'呑(탄)'자의 중성과 같으니라."고 하였고, 《훈몽자회》에는 "초성으로는 사용되지 않는 것으로 생각한다."고 하였는데, 처음에는 'ㅡ'자와 비슷하게 발음하던 것이 오늘날에는 'ㅏ'자 발음과 잘못 뒤섞인 것으로 인정함.

역주 · 해설

* 이 부분은 제4과제의 일부에 해당된다. '·'가 처음에는 'ㅡ'자와 비슷하게 발음하던 것이 오늘날에는 'ㅏ'와 혼첩되어 사용됨을 지적하고 있다. 《국문연구의정안》에서는 국어음으로는 소리를 이루기 어렵다는 구절이 삽입되어 있는데, 여기에는 그런 언급이 없다. 단지 당시 '·'가 이미 음운으로서의 기능을 상실하고 'ㅏ'로 발음되고 있음을 지적하고 있다.

1) 혼와(混訛)는 '그릇되게 섞임'을 뜻한다.

원 문

○ 俗用 國文 半切[1]에 사 샤 서 셔 소 쇼 수 슈, 자 쟈 저 져 조 죠 주 쥬,
<27a>
차 챠 처 쳐 초 쵸 추 츄 此 三段은 八個字音을 四個字音으로만 發音ᄒᆞ고 댜 뎌 됴 듀 디 五字는 챠 쳐 쵸 츄 치로 發音을 疊誤[2]ᄒᆞᆷ으로 認定ᄒᆞᆷ

현대어역

○ 속용 국문 반절에 '사, 샤, 서, 셔, 소, 쇼, 수, 슈', '자, 쟈, 저, 져, 조, 죠, 주, 쥬', '차, 챠, 처, 쳐, 초, 쵸, 추, 츄' 이 세 단은 8개자의 음을 4개자의 음으로만 발음하고, '댜, 뎌, 됴, 듀, 디' 5자는 '챠, 쳐, 쵸, 츄, 치'로 발음을 잘못 중첩함으로 인정함.

역주 · 해설

* 이 부분은《국문연구의정안》본문에서 언급되고 있지 않은 부분이다. '사'와 '샤', '자'와 '쟈', '차'와 '챠' 등이 각각 구분되고 있지 않으며, '댜, 뎌, 됴, 듀, 디'는 구개음화되어 각기 '챠, 쳐, 쵸, 츄, 치' 등으로 발음되고 있음을 밝히고 있다.

1) 반절(半切)은 세 가지의 뜻으로 사용되는데, 여기서는 '반절본문(半切本文)'의 뜻으로 사용되고 있다.

원래 반절은 중국 운서에서 한자의 음(音)을 나타낼 때 다른 두 한자의 음을 반씩 따서 합치는 방법을 이르는 말이다. '반음(反音)', '번절(飜切)', '절어(切語)'라고도 한다. 예를 들면, 한자 '東(동)'은 '德紅反(덕홍반)'으로 나타내

는데, 앞글자 '덕'의 첫 자음인 't-'와 뒷글자 '훙(hoŋ 平)'의 모음 및 사성(四聲) '-oŋ 平'을 짜맞추어 '東(동)'의 음이 'toŋ 平'임을 밝히는 방식이 반절인 것이다. 반절로 한자의 음을 표시한 가장 오래된 보기는 2세기의 복건(服虔)·응소의《한서주(漢書注)》에서 나타난다. 그 이전에는 '東音凍(동음동, 東은 凍으로 소리난다)'과 같이 음이 같은 한자를 제시하여 그 한자의 음을 표시하였다. 반절이 발명된 뒤부터 그 편리함 때문에 근래까지 주된 표음법(表音法)으로 이용되었다. 반절(半切)이란 용어는 당(唐)나라 때까지 '반(反)'이라고 썼던 자리에 송(宋)나라 이후에 '절(切)'자로 바꾼 것과 관련이 있다.

또한 반절은 '훈민정음'을 달리 이르는 말로 사용되었는데, 이것은 훈민정음이 초성·중성·종성의 삼성을 합하여 한 글자를 이룬다는 사실에서 유래된 듯하다.

이후 반절은 반절본문, 곧 한글 자모를 반절식으로 배열한 본문을 지칭하는 말로도 사용되었는데, 자음 'ㄱ, ㄴ, ㄷ, ㄹ, …'과 모음 'ㅏ, ㅑ, ㅓ, ㅕ, …'를 합쳐 '가, 갸, 거, 겨, …, 나, 냐, 너, 녀, …'의 순서로 늘어놓아 배열한 11행 14자의 작자표(作字表)가 반절본문이다.

2) 첩오(疊誤)는 '잘못 겹쳐짐'을 뜻한다.

원 문

○ 四聲票[1]는 訓民正音에 平聲[2]은 無點이오 上聲[3]에 左加二點이요 去聲[4]에는 左加一點ᄒᆞ든 것이 後來에 廢止됨은 書寫上[5]에 不便을 因ᄒᆞᆷ으로 認定ᄒᆞᆷ

현대어역

○ 사성표는《훈민정음》에 평성(平聲)은 점이 없고, 상성(上聲)에는 왼편에 점이 둘이고, 거성에는 왼편에 점이 하나이던 것이 후래에 폐지된 것은 글을 쓰기에 불편한 것에 기인한 것으로 인정함.

역주 · 해설

* 이 부분은 제7과제에 해당하는 것으로서, 《훈민정음》에서 국어의 성조를 평성, 상성, 거성, 입성으로 나누고 이를 구별하기 위하여 방점을 찍은 사실을 언급하고 있다. 《국문연구의정안》 본문에서는 상거성이 모두 점 하나를 찍은 것이라 한 데 반해, 오히려 여기서의 언급이 정확하다.

1) 사성표(四聲票)란 사성(四聲)을 나타내는 표를 말하는 것이며, 사성은 《훈민정음》에서, 중세 국어의 성조를 중국의 전통적 술어인 평성, 상성, 거성, 입성을 그대로 적용하여 네 종류로 나눈 것을 통틀어 이르는 말로서, 글자 왼쪽 곁에 방점을 찍어 표시하였다.
2) 평성(平聲)은 낮은 소리이다.
3) 상성(上聲)은 처음이 낮고 나중이 높은 소리이며, 글자 왼쪽 곁에 방점을 두 개 찍어 표시하였다.
4) 거성(去聲)은 높은 소리이며, 글자 왼쪽 곁에 방점을 하나 찍어 표시하였다.
5) 서사(書寫)는 '글씨를 베낌'의 뜻이나, 여기서는 '글을 씀'의 뜻으로 사용되고 있다.

원 문

○ 牙舌脣齒喉半舌半齒의 七音은 訓民正音에 定ᄒᆞᆫ 것인ᄃᆡ 華東正音 通釋韻考[1)]에 △字母 半齒音 半喉音으로 變ᄒᆞᆷ으로[2)] 認定ᄒᆞᆷ

현대어역

○ 아설순치후반설반치의 7음은 《훈민정음》에 정한 것인데 《화동정음통석운고(華東正音通釋韻考)》에서 '반치음'인 '△'자모가 '반후음'으로 변한 것으로 인정함.

역주 · 해설

* 이 부분은 《화동정음통석운고(華東正音通釋韻考)》에서 《훈민정음》에는 반치음으로 분류되던 'ㅿ'자를 반후음으로 분류해 놓은 것을 언급하고 있다.

1) 《화동정음통석운고(華東正音通釋韻考)》는 조선 영조 때 학자 박성원(朴性源, 1697~1767)이 저술하고 1787년(정조 11) 왕명으로 비각(秘閣)에서 간행한 운서(韻書)를 말한다. 1747년(영조 23) 처음 간행되었을 때는 《화동정음통석운고(華東正音通釋韻考)》라 하였으나, 정조 때 정조의 〈어제정음통석서(御製正音通釋序)〉가 책머리에 실리자 《정음통석》이라 부르게 되었는데 순서가 약간 다르다. 저자가 이언용(李彦容)과 함께 각종 자전에서 한자를 모아 《사성통해(四聲通解)》의 음에 의거하여 글자 밑 오른쪽에 중국음을, 왼쪽에 당시 조선의 음을 병기한 것으로 한자음의 기존 오음청탁(五音淸濁)을 바로잡기도 하였다. 심음(審音)과 작문 시에 중국음과 한자음을 동시에 볼 수 있는 체계의 운서로서는 현존하는 최고(最古)의 것이다.

이 책이 정조 임금이 어제서를 붙이고 왕명으로 간행케 하고, 또 과거에 급제한 사람들에게 이 책을 하사하게 할 정도로 중시된 운서(韻書)라는 점을 고려하면, 이 의결에서 이 책을 특별히 언급하고 있는 것을 이해할 수 있다.

2) 이 부분은 의미가 통하지 않는데, "'ㅿ'자모가 '반치음'이던 것이 '반후음'으로 변한 것"의 의미로 사용된 듯하다.

원 문

第三四回 議決

<27b>

ㅇ ㆁ ㆆ ㅿ ◇[1] ㆅ ㅱ ㅸ ㆄ ㅹ 九字는 復用[2]ᄒᆞᆷ이 不當ᄒᆞᆷ

현대어역

제3·4회 의결

○ 'ㆁ, ㆆ, ㅿ, ◇, ㆅ, ㅱ, ㅸ, ㆄ, ㅹ' 9자는 다시 사용함이 부당함.

역주·해설

* 이 부분은《국문연구의정안》의 연구 과제 가운데 제2제에 해당하며, 1908년 10월 1일에 회의를 열어 의결한 것으로 보인다(이기문 1972:51 참조). 이 의결에서는 'ㆁ'의 사용이 부당하다고 했는데,《국문연구의정안》에서는 'ㅇ'의 사용이 부당하다는 것으로 바뀌게 된다. 한편, 여기서는 'ㆅ'자를 포함한 9자에 대해 의결하고 있는데,《국문연구의정안》에서 'ㆅ'자는 제2제에서 다루어지지 않고, 된소리 표기를 규정하고 있는 제3제에서 다루어진다.

1) '◇'자는《화동정음통석운고(華東正音通釋韻考)》(1747년, 영조 23)에서 순음(脣音)자의 하나로 새로 만든 문자이나, 그 음가에 대해서는 아무런 구체적 설명을 하지 않고 있으며, 다만 범례에서 ㆁ, ㅇ, ◇자는 소리가 서로 비슷하게 나온다고 언급하고 있다.
2) 부용(復用)은 '다시 씀'의 의미이다.

원 문

第五回 議決

○ ㄱ ㄷ ㅂ ㅅ ㅈ의 重音 書法을 ㄲ ㄸ ㅃ ㅆ ㅉ로 一定[1]ᄒᆞ고 ㅺ ㅼ ㅽ ㅾ 四字ᄂᆞᆫ 備考로 存留[2]홈

현대어역

제5회 의결

○ 'ㄱ, ㄷ, ㅂ, ㅅ, ㅈ'의 중음 서법을 'ㄲ, ㄸ, ㅃ, ㅆ, ㅉ'로 일정하고 'ㅺ, ㅼ, ㅽ, ㅾ' 4자는 비고로 남겨 둠.

역주 · 해설

* 이 부분은 《국문연구의정안》의 연구 과제 가운데 제3제에 해당한다. 앞의 〈제1 · 2회 의결〉에서 언급하였듯이, 《국문연구의정안》 제정 당시의 현실은 'ㄲ' 등과 같이 같은 글자를 반복하거나, 된시옷이라 하여 'ㅅ'을 'ㄱ' 왼편에 붙여서 'ㅺ' 등과 같이 쓰거나, 드물게는 왼편에 'ㅂ'을 덧붙여서 'ㅲ' 등과 같이 쓰는 것이 모두 된소리를 표기하는 방식으로 통용되고 있었는데, 'ㄲ, ㄸ, ㅃ, ㅆ, ㅉ'과 같은 각자병서를 통일할 것을 의결하고 있다. 각자병서가 된소리를 표기하는 것인가, 아닌가 하는 쟁점의 결과는 차치하고서라도, 이 의결이 현행 국어표기법에까지 연면히 이어지고 있다는 점을 고려하면 매우 중요한 의결이라 아니할 수 없다.

1) 일정(一定)은 '어떤 것의 크기, 모양, 범위, 시간 따위가 하나로 정하여져 있음'을 뜻한다.
2) 존류(存留)는 '남아서 머묾', 또는 '남아서 머물게 함'을 뜻한다.

원 문

第六回 議決

○ 二字 刱製도 不當 ・字 廢止도 不當홈

현대어역

제6회 의결

○ '二'자 창제도 부당하고, '・'자 폐지도 부당함.

역주 · 해설

* 이 의결 내용은 《국문연구의정안》의 제4제에 해당한다. '·'를 폐지하고, '=' 자를 새로 만들자는 《신정국문(新訂國文)》에서의 주장이 직접적 원인이 되어 국문연구소가 설립된 것을 고려하면, 이 연구 과제는 중요한 의미를 갖는다. 결국 '='자 창제도 부당하고, '·'자 폐지도 부당하다고 의결함으로써, 지석영이 《신정국문》에서 내세운 주장이 완전히 부정되고 있다. '=' 창제가 부당하다는 것은 타당한 의결이지만, 이미 음가가 소멸되어 더 이상 발음되지 않는 '·'를 폐지하지 않고 있는 것은 역사적 관습에서 벗어나지 못하고 있음을 말해 주고 있다. '·'자 폐지는 1933년 《한글맞춤법통일안》에 이르러서야 비로소 규정된다.

원 문

第七八回 議決
○ ㄷ ㅈ ㅊ ㅋ ㅌ ㅍ ㅎ 七字를 幷히 終聲에 絶對的으로 通用홈

현대어역

제7·8회 의결
○ 'ㄷ, ㅈ, ㅊ, ㅋ, ㅌ, ㅍ, ㅎ' 7자를 모두 종성에 절대적으로 통용함.

역주 · 해설

* 이 의결 내용은 《국문연구의정안》의 제5제에 해당한다. 이 논제는 주시경의 주장으로 제기된 것인데, 주시경의 안이 완전히 채택되고 있다. 이 의결은 당시 관례로 되어 있었던 칠종성법을 깨뜨려서 'ㄷ'의 사용, 곧 팔종성법을 부활하는 데 그치지 않고, 모든 초성을 종성에 다 쓸 수 있도

록 한 것은 당시의 어문 관습에서 보면 실로 획기적인 개혁이라 할 수 있는 의결이다.

이 의결에서 '절대적'이라는 매우 강력한 표현이 사용되고 있음이 주목되는데, 이는 오히려 모든 초성을 종성에 다 쓴다는 것이 당시 현실로 볼 때 논쟁을 불러일으킬 만한 매우 획기적인 의결임을 역설적으로 말해주는 것이라 해석할 수 있다. 어떤 낱말이 환경에 따라 다른 형태(주시경의 용어로는 '임시의 음')로 나타나더라도 언제나 일정한 표기로 고정시켜 놓음으로써, 현행 국어표기법이 형태음소론적 표기의 특징을 갖도록 한 첫 출발을 여기서 확인할 수 있다.

원 문

第九回 議決

○ 牙舌脣齒喉半舌半齒 七音을 變通[1]ᄒᆞ야 牙舌脣齒喉 五音

<28a>

으로 全淸 次淸 全濁 不淸濁의 分別法을 變通ᄒᆞ야 淸音[2] 激音[3] 濁音[4] 三種으로 認定홈

현대어역

제9회 의결

○ 아설순치후반설반치 7음을 변통하여 아설순치후 오음으로, 전청, 차청, 전탁, 불청탁의 분별법을 변통하여 청음, 격음, 탁음의 세 종류로 인정함.

역주 · 해설

* 이 의결 내용은 《국문연구의정안》의 제6제에 해당한다. 이 연구 과제는 자음 체계를 설정하고 있는 것으로서, 문자 체계나 정서법과 관련이 있

는 것이 아니다. 《훈민정음》에서 아음, 설음, 순음, 치음, 후음, 반설음, 반치음의 7음 체계를 이루던 것을 여기서는 아음, 설음, 순음, 치음, 후음의 5음 체계로 바꾸고 있으며, 중국 운학의 전통 용어인 '청탁(淸濁)'을 우리 실정에 맞게 변통하면서 '청음·격음·탁음'의 삼분법을 설정하고 있다. 국어에 존재하는 유기음(有氣音)을 설명하기 위하여 '격음(激音)'을 새로 설정한 것은 주목할 만한 처리 방식이다.

1) 변통(變通)은 '형편과 경우에 따라서 일을 융통성 있게 잘 처리함'을 뜻한다.
2) 청음(淸音)은 무성음(無聲音)을 가리키는 용어와 관련이 있다. 중국 음운학에서는 자모를 청·탁에 따라 전청(全淸)·차청(次淸)·전탁(全濁)·불청불탁(不淸不濁) 등으로 세분하였는데, 전청은 무성무기음, 차청은 무성유기음이므로, 두 음이 공통되게 가리키는 것은 무성음이기 때문이다.
3) 격음(激音)은 무성유기음(無聲有氣音)을 지칭하기 위해서 새로 만든 용어이며, 'ㅍ, ㅌ, ㅊ, ㅋ' 등이 이에 해당한다. 《훈민정음 해례본》에서는 이들을 차청이라 하였다. '거센소리'라고도 한다.
4) 탁음(濁音)은 중국 음운학에서는 유성음, 곧 울림소리를 나타내는 용어인데, 《국문연구의정안》에서는 이른바 된소리를 나타내기 위해 사용하고 있다.

원 문

第十回 議決

○ 四聲票는 不用 長短 二音으로만 定ᄒᆞ야 短音은 無點이요 長音은 字의 左肩[1]에 一點을 贅附[2]홈

현대어역

제10회 의결

○ 사성표는 사용하지 않고, 장단 두 음으로만 정하여 단음은 무점이고, 장음은 글자의 왼쪽 어깨견에 일점을 혹처럼 붙임.

역주 · 해설

* 제10의결에서는 《국문연구의정안》의 제7, 8, 9, 10제에 해당하는 부분들이 일괄 의결되고 있다. 이 부분은 제7제에 해당하는 부분이다. 이 연구과제는 지석영의 《신정국문》에 의해서 제기되었던 것인데, 상성과 거성은 오른쪽에 점을 하나 찍을 것, 또 예성(曳聲), 곧 장음도 오른쪽에 점 하나를 찍을 것을 주장하였던 것이다. 《국문연구의정안》은 지석영의 이런 주장 가운데 사성에 대한 것은 불필요하며, 다만 점을 찍어 장음과 단음을 구별하자는 주장에 대해서는 이를 수용하고 있다.

1) 좌견(左肩)은 '왼쪽 어깨'를 뜻한다.
2) 췌부(贅附)는 '혹처럼 붙임'이란 뜻이다.

원 문

○ 이응[1] ㅎ히옿 ㄱ기윽 ㄴ니은 ㄷ디읃 ㄹ리을 ㅁ미음 ㅂ비읍 ㅅ시읏
ㅈ지읒 ㅊ치읓 ㅋ키읔 ㅌ티읕 ㅍ피읖
ㅏ아 ㅑ야 ㅓ여 ㅗ오 ㅛ요 ㅜ우 ㅠ유 ㅡ으 ㅣ이 ·ᄋᆞ로 定홈

현대어역

○'ㅇ이응, ㅎ히읗, ㄱ기윽, ㄴ니은, ㄷ디읃, ㄹ리을, ㅁ미음, ㅂ비읍, ㅅ시읏, ㅈ지읒, ㅊ치읓, ㅋ키읔, ㅌ티읕, ㅍ피읖,'
'ㅏ아, ㅑ야, ㅓ여, ㅗ오, ㅛ요, ㅜ우, ㅠ유, ㅡ으, ㅣ이, ·ᄋᆞ'로 定함.

역주 · 해설

* 한글 자모의 명칭을 규정하고 있는 부분으로서, 《국문연구의정안》의 제

8제에 해당한다. 《훈몽자회》 범례와 그 이후 전개된 실학자들의 연구 업적에 영향을 받되, '기윽, 니은, 디읃, 리을…, 시읏,…' 등과 같이, 각 해당 자모가 초성에 사용된 예를 첫 음절에서 제시하고(이때, '이'모음이 결합), 둘째음절에서는 종성에 사용된 예를 보임(이때 '으'모음이 결합)을 일관되게 제시하여 자모의 명칭을 부여하고 있다. 나아가 《훈몽자회》에서는 초성에서만 사용되기 때문에 한 음절만 제시된 초성자 'ㅈ, ㅊ, ㅋ, ㅌ, ㅍ, ㅎ' 등까지도 종성으로 쓴다는 앞의 제7·8회 의결에 따라, 그 명칭도 각각 '지읒, 치읓, 키읔, 티읕, 피읖, 히읗'과 같이 두 음절로 제시하고 있다. 1933년 조선어학회에서는 한글맞춤법통일안을 정할 때에 다른 것은 《국문연구의정안》의 그것과 모두 동일하나, 모음자에서 '·'를 제외시키는 한편, 자음자의 경우 'ㄱ'은 '기역', 'ㄷ'은 '디귿', 'ㅅ'은 '시옷'이라고 한 차이점을 보인다.

1) 'ㅇ'자가 빠져 있다.

원 문

○ 字順은 ㅏ ㅑ ㅓ ㅕ ㅗ ㅛ ㅜ ㅠ ㅡ ㅣ · 로 依舊[1] 仍用[2]ᄒᆞ고 行順[3]은 ㅇ ㆁ ㅎ ㄱ ㄴ ㄷ ㄹ ㅁ ㅂ ㅅ ㅈ 以上 淸音 ㅊ ㅋ ㅌ ㅍ 以上 激音 ㄲ ㄸ ㅃ ㅆ ㅉ 以上 濁音로 定ᄒᆞᆷ

현대어역

○ 자순은 'ㅏ, ㅑ, ㅓ, ㅕ, ㅗ, ㅛ, ㅜ, ㅠ, ㅡ, ㅣ, ·'로 옛것에 따라 그대로 쓰고, 행순은 ㅇ, ㆁ, ㅎ, ㄱ, ㄴ, ㄷ, ㄹ, ㅁ, ㅂ, ㅅ, ㅈ 이상 청음, ㅊ, ㅋ, ㅌ, ㅍ 이상 격음, ㄲ, ㄸ, ㅃ, ㅆ, ㅉ 이상 탁음으로 정함.

역주 · 해설

* 한글 자모의 순서와 행순을 규정하고 있는 부분이다. 《국문연구의정안》의 제9제에 해당한다. 모음자는 《훈몽자회》의 순서와 그대로 일치된다. 자음자의 순서는 행순에서 확인할 수 있는데, 청음자 'ㅇ, ㆁ, ㆆ, ㄱ, ㄴ, ㄷ, ㄹ, ㅁ, ㅂ, ㅅ, ㅈ', 격음자 'ㅊ, ㅋ, ㅌ, ㅍ', 탁음자 'ㄲ, ㄸ, ㅃ, ㅆ, ㅉ'의 순으로 배열하고 있다. 'ㆁ'을 쓰지 않기로 한 제3·4회 의결과는 달리 'ㆁ'이 나오고 있다. 그런데 주목할 만한 사실은 여기서 의결된 초성자모의 순서가 《국문연구의정안》 본문에서의 그것과 다르다는 사실이다. 우선 《국문연구의정안》에서는 'ㅇ'을 사용하지 않기로 결정함에 따라 'ㅇ'이 빠져 있으며, 여기서 'ㆁ' 다음에 둔 'ㆆ'을 'ㅈ' 다음에 배치하고 있으며, 그리고 격음의 순서에 있어서 'ㅋ, ㅌ, ㅍ, ㅊ'과 같이 바꿔 놓고 있다. 그리고 탁음에 대한 언급이 빠져 있다. 격음의 순서만을 놓고 보면, 여기서의 순서가 오히려 현행 한글맞춤법의 순서와 일치를 보이고 있는 것이다.

1) 의구(依舊)는 '옛날 그대로 변함이 없음'이란 뜻이다.
2) 잉용(仍用)은 '이전의 물건을 그대로 씀'을 뜻한다.
3) 행순(行順)은 '행의 순서'를 말하는데, 여기서 '행(行)'은 반절본문에서의 '행'을 말한다. 반절본문은 한글 자모를 반절식으로 자음 'ㄱ, ㄴ, ㄷ, ㄹ, …'과 모음 'ㅏ, ㅑ, ㅓ, ㅕ, …'를 합쳐 '가, 갸, 거, 겨, …, 나, 냐, 너, 녀, …'의 순서로 늘어놓아 배열한 11행 14자의 작자표(作字表)를 말한다.

원 문

<28b>
○ 綴字法은 訓民正音의 初聲 合用 則 竝書 終聲 同 ㅡ ㅗ ㅜ ㅛ ㅠ 附書於初聲之下 ㅣ ㅏ ㅓ ㅑ ㅕ 附書於右라 ᄒᆞᆫ 禮義ᄅᆞᆯ 依ᄒᆞᆷ
○ 綴字 又一法은 初中終聲字ᄅᆞᆯ 左에셔 右로 橫書ᄒᆞᆷ (例) ㅌㅓㄴ하태펴ㅇ

현대어역

○ 철자법은 《훈민정음》에서 "첫소리를 합하여 쓸 것이면 나란히 쓰라. 종성도 한가지이다. 'ㅡ, ㅗ, ㅜ, ㅛ, ㅠ'는 초성 아래 붙여 쓰고, 'ㅣ, ㅏ, ㅓ, ㅑ, ㅕ'는 오른 쪽에 붙여 쓰라."고 한 예의를 따름.

○ 철자의 또 다른 법은 초성・중성・종성자를 좌에서 우로 가로쓰기함. (예) ㅌㅕㄴㅎㅏㅌㅐㅍㅕㅇ

역주・해설

* 여기서 이르는 철자법은 음절 합자(音節合字)를 이르는 말로, 《국문연구의정안》의 제10제에 해당한다. 여기서의 의결은 두 항으로 되어 있는데, 첫항은 《훈민정음》 〈예의〉에 나온, 병서(並書)와 부서(附書)에 따를 것을 의결하고 있다. 이 의결은 곧 《훈민정음》의 음절 합자법을 따라 초중종성을 합하여 하나의 음절 단위로 글을 쓰는 이른바 '모아쓰기'를 하겠다는 것이다. 그런데, 뒤이어 나온 항에서는 횡서, 곧 알파벳식으로 자모를 좌에서 우로 배열하는 이른바 '풀어쓰기'를 할 것을 규정하고 있어, 앞의 의결과 상치(相馳)되고 있음을 볼 수 있다.

이 '가로쓰기' 주장은 주시경이 주장하여 가결을 본 것인데, 주시경은 《국문연구》에서 음절 단위로 합자하는 것은 자모를 가로쓰기했다가 (이는 '가'의 'ㄱ+ㅏ'가 합해지는 방식이라 할 수 있다.) 세로쓰기했다가 (이는 '고'의 'ㄱ+ㅗ'이 합해지는 방식이라 할 수 있다.) 해야 하는데, 이보다는 각각의 자모를 모두 가로쓰기하는 것이 발음의 선후를 따르는 것이고, 또 조판하기가 쉽다고 하면서, '우리나라가밝고곱다'를 'ㅜ리 나라 가 바ㄹㄱ ㄱㅗ ㄱㅗㅂ ㄷㅏ'와 같이 가로로 풀어쓰는 예를 제시하고 있다.

원 문

<25a>

ㄱ ㄷ ㅂ ㅅ ㅈ 五字의 重音(古謂 雙聲 俗稱 된시옷) 書法 一定

訓民正音에 有幷書六字ᄒᆞ니 卽 本題五字及ㆆ字오 後有稱複邊者ᄒᆞ니 亦指此等字오 宮中所謂雙聲은 ㄲ ㄸ ㅃ ㅆ 四字오 俗稱 된시옷은 卽 現行 가 다 바 사 차 五行 各字 左上에 加시옷 卽ㅅ字이니 曰幷書曰複邊은 卽稱其字形이오 雙聲은 似謂其發音이오 曰된시옷은 卽言其綴字義라 稱雖有四나 音實不二로ᄃᆡ 若究其原則ᄒᆞ면 幷書가 爲正이어ᄂᆞᆯ 爲其從書字之便ᄒᆞ야 近來只用ㅅ字오 中世에 或幷用ㄷㅂㅅ三字나 亦不依原則ᄒᆞ고 擾類借用ᄒᆞ니 此則 想因綴字樣之非觀美라 今欲一定其書法인ᄃᆡ 宜從原則이나 實屬不便이오 亦涉混錯이며 其 ㄷㅂㅅ幷用은 反不如ㅅ一字之獨用이오 其用ㅅ字則縱違原則이나 行之已久에 目慣手熟ᄒᆞ고 且無不便混錯之弊ᄒᆞ니 以此一定호ᄃᆡ 呼以시옷은 侵他字之權能ᄒᆞ고 嫌本身之專擅이니 莫以된시옷呼之ᄒᆞ고 認作特殊符號가 恐好이며 至於重音之稱呼ᄒᆞ야ᄂᆞᆫ 一涉雙聲義ᄒᆞ고 一混四聲義ᄒᆞ고 若以濁音定稱則又混於全次之別ᄒᆞ니 毋寧象其音發之義ᄒᆞ야 稱以激音이 似可홈.

현대어역

'ㄱ, ㄷ, ㅂ, ㅅ, ㅈ' 5자의 중음(쌍성, 속칭 된시옷) 서법 일정

《훈민정음》에 6자를 병서하니, 곧 본제의 5자 및 'ㆆ'자고, 후래에 '복변(複邊)'이라 일컫는 것이 있으니, 또한 이들 문자들을 가리키는 것이고, 궁중에서 '쌍성(雙聲)'이라 일컫는 것은 'ㄲ, ㄸ, ㅃ, ㅆ' 4자이고, 속칭 '된시

옷'은 곧 현행 '가, 다, 바, 사, 차' 5행의 각 글자의 좌상(左上)에 시옷 곧 'ㅅ'자를 더한 것이니, '병서'라 이르는 것과 '복변'이라 이르는 것은 곧 그 자형(字形)을 일컫는 것이고, '쌍성'은 그 발음을 이르는 듯하며, '된시옷'이라고 하는 것은 곧 그 철자의 뜻으로 말하는 것이니, 비록 네 가지로 일컬어지나, 소리는 실상 다르지 않다. 만약 그 원칙을 따져보면, 병서하는 것이 옳은 데도, 그 글자 쓰는 편의를 따르다 보니 요즘 오직 'ㅅ'자만 사용한다. 중세에 혹 'ㄷ, ㅂ, ㅅ' 세 자를 나란히 사용하기도 했으나, 또한 원칙에 따르지 않고, 종류를 혼란스럽게 섞어 사용하니 이는 곧 철자 모양대로 하면 보기에 좋지 않다고 생각하기 때문이다. 그 서법을 하나로 정하고자 한다면 마땅히 원칙에 따라야 하지만, 실제로는 불편을 겪게 되고 또한 혼란스럽게 되며, 그 'ㄷ, ㅂ, ㅅ'을 나란히 쓰는 것은 도리어 'ㅅ' 한 글자만 단독으로 쓰는 것만 못하다. 그렇게 'ㅅ'자를 쓰면 함부로 원칙을 어기는 것이지만 그렇게 써온 것이 너무나 오래되어 눈과 손에 익숙하고, 또한 불편하거나 혼동되는 폐단이 없으니 이대로 일관되게 정하되, '시옷'이라 부르는 것은 다른 글자의 권능을 침범하는 것이고 그 본래의 것을 마음대로 쓰는 문제가 있으니 '된시옷'이라 부르지 말고, 특수부호를 지어 사용하는 것이 좋을 듯하며, '중음'이라 부르게 되면, 한편으로는 '쌍성'의 뜻과 겹치고, 한편으로는 '사성'의 뜻과 혼동되고, 만약 '탁음'으로 호칭을 정하면, 또 전차(全次)[1]의 구별과 혼동되니, 차라리 그 소리가 나는 뜻을 본떠서 '격음'이라고 부르는 것이 옳을 듯하다.

역주 · 해설

* 이 부분은 제3제에 대한 연구안인데, 이기문(1972:58)의 지적대로, 《국문연구안》 권5, 8장(張)의 어윤적의 연구안과 완전히 일치한다. 이 연구안은 〈의결록〉에 있을 성격의 글이 전혀 아니다. 된소리 표기에 있어서,

'ㄲ, ㄸ, ㅃ'과 같이 각자병서를 사용하지 말고, 'ㅺ, ㅼ, ㅽ' 등과 같이 'ㅅ'을 사용하되, 그 명칭을 '격음'이라고 하자는 제안을 하고 있다.

1) '전차(全次)'는 중국 음운학에서 사용된, 전차청탁(全次淸濁), 곧 전청(全淸), 차청(次淸), 차탁(次濁) 등을 말한다.

제4장 국문연구의정안(등사본) 전문 및 현대어역

전문-원문

謄寫本

國文硏究議定案

例言

一 本案은 各委員의 硏究ᄒᆞᆫ 十題에 對ᄒᆞ야 一致ᄒᆞ게 議定ᄒᆞᆫ바 理由[1]를 統括的으로 簡明히 記載홈

一 本案 每題下에 各委員의 硏究ᄒᆞᆫ바 意見의 要点을 抄畧 分註ᄒᆞ야 異同을 考該케 홈

一 各委員의 詳細ᄒᆞᆫ 意見을 査閱에 供ᄒᆞ기 爲ᄒᆞ야 各該 硏究案을 別로히 添付홈

國文硏究議定案

一 國文의 淵源과 字體 及 發音의 沿革

本題에 對ᄒᆞᆫ 各委員의 研究案을 查閱ᄒᆞᆫ즉 淵源은 大槩 一致ᄒᆞ고 字體와 發音은 大同小異흠

淵源

本邦을 剏建ᄒᆞ신 檀君時代에는 文獻이 無徵ᄒᆞ야 文字의 有無를[2] 考據ᄒᆞᆯ 道가 無ᄒᆞ고 箕子時代에는 箕子가 支那人으로 本邦에 來王ᄒᆞ시니 漢文이 隨入ᄒᆞ야 政令과 事爲[3]에 自然히 需用ᄒᆞᆫ지라 此로 因ᄒᆞ야 言文이 二致ᄒᆞ고 又 漢文이 國語에 混用된 者가 多ᄒᆞ며[4] 三韓時代를 歷ᄒᆞ야 三國時代에 至ᄒᆞ야는 新羅의 鄕歌가 漢字의 音 或 訓을 取ᄒᆞ야 歌曲을 記ᄒᆞ고 新羅統一時代에는 薛聰이 又 漢字를 假借ᄒᆞ야 吏讀를 作ᄒᆞ야 官府와 民間에 運用ᄒᆞ니라. 盖 箕子 以後로 政令事爲에 漢文을 純用ᄒᆞ야 一般國民이 普通 行用에 窒澁ᄒᆞᆫ 弊가 有ᄒᆞ더니 新羅의 鄕歌와 薛聰의 吏讀가 漢字를 始借ᄒᆞ야 音符와 如히 代用ᄒᆞ얏으나 尙且 窒澁無稽의 歎을 未免ᄒᆞᆫ지라 雖然이나 此가 足히 國文을 造作ᄒᆞᆯ 思想의 胚胎가 되고[5] 高麗時代에는 忠宣王妃 元公主가 親國 往來書에 畏吾兒文字를 多用ᄒᆞᆫ바 畏吾兒는 卽古回鶻이니 元國의 版圖라 其文字의 如何는 未知어니와 一般國民에게는 影響이 無ᄒᆞ얏고 本朝에 至ᄒᆞ야 世宗大王게옵셔 卽位 二十五年 癸亥(開國五十三年이오 隆熙 元年前 四百六十四年)에 國文二十八字를 新制ᄒᆞ시고 鄭麟趾 申叔舟 成三問 崔恒 等을 命ᄒᆞ샤 解釋을 詳加ᄒᆞ야 一書를 成ᄒᆞ니 訓民正音이라 命名ᄒᆞ시고 越三年 丙寅에 民間에 頒布ᄒᆞ시다

舊時에 俗用ᄒᆞ던 文字가 有ᄒᆞ다 ᄒᆞ나 舊時는 何代인지 未詳ᄒᆞ고 文

字는 何樣인지 無傳호딕 申景濬曰 其數不備 其形無法 不足以形 一方之言 而爲一方之用이라 ᄒᆞ니 此를 觀ᄒᆞ면 不完全ᄒᆞ야 文字로 看做키 不能홈을 推想ᄒᆞ깃도다

字體

字體는 象形이니 古篆을 倣造ᄒᆞᆫ지라 新制 其時와 現在[6] 行用되는 書法으로 三體를 可分이니 方圓直曲의 形과 均滿平正의 畫이 正體오 漢字 楷書의 樣과 如히 寫홈이 俗體오 捷速揮灑ᄒᆞ야 聯絡不絶의 形이 草體라 홀지라

初聲字中 ㆁ ㆆ ㅿ 三字는 其音이 ㅇ字와 相混無別됨으로 後來에 滅除不用ᄒᆞ니라

同字竝書 六字中 ㄲ ㄸ ㅃ ㅆ ㅉ 五字는 後來에 初聲合用則竝書의 例로 ㅲ ㅳ ㅄ ㅶ로도 用ᄒᆞ고 ㅺ ㅼ ㅽ ㅾ로도 用ᄒᆞ며 ㆅ字는 ㆆ字와 相混됨으로 初用旋廢ᄒᆞ니라

脣輕音 四字는 漢字母의 音을 對照홈이오 國語音에는 無홈으로 暫用旋廢ᄒᆞ니라

終聲은 復用初聲의 例가 有홈으로 初聲 十七字를 幷히 終聲에 通用ᄒᆞ더니 後來에 ㄱ ㄴ ㄷ ㄹ ㅁ ㅂ ㅅ ㆁ 八字만 初終聲에 通用ᄒᆞ고 ㅇ ㆆ ㅿ ㅈ ㅊ ㅋ ㅌ ㅍ ㅎ 九字는[7] 初聲에만 獨用ᄒᆞ며 其通用字中에도 ㄷ字는 ㆁ初聲의 承接을 除ᄒᆞᆫ 外에는 ㅅ字와 發音이 相似ᄒᆞ기로 近俗에는 ㅅ字로만 專用ᄒᆞ니라

訓民正音에 舌音 齒音 諸字가 皆是 一樣이오 區別이 本無ᄒᆞ더니 後

來에 舌音은 縱畫長과 橫畫長의 二體에 分ᄒᆞ고 齒音은 左戾長과 右戾長의 二體에 分ᄒᆞ얏으나[8] 近來 行用에는 此別이 無ᄒᆞ고 後來에[9] 脣輕音 ㅸ字의 變體로 ◇字를 新制ᄒᆞ얏으나 亦히 行用됨이 無ᄒᆞ니라.

中聲字中 ·字의 副音[10]으로 後來에 ·字를 幷書ᄒᆞᆫ ‥字를 加設ᄒᆞ얏으나 亦히 行用됨이 無ᄒᆞ니라.

發音

字母는 初聲 中聲 終聲의 三種이 有ᄒᆞᆫ바 其發音은 訓民正音에 漢字의 音을 切取ᄒᆞ야 某々字의 初聲 或 中聲과 如ᄒᆞ다 ᄒᆞ셧더니 訓蒙字會에 ㄱ을 其役 ㅏ를 阿 等으로 名呼ᄒᆞ야 諸事가 一遵ᄒᆞ고 國文字母分解에 更히 ㄱ을 그윽이라 改稱호ᄃᆡ[11] 行用됨이 無ᄒᆞ고 中聲은 改稱ᄒᆞᆷ이 無ᄒᆞ니라

初聲中 ㅇㆆㅿ 와 ㆁ는 訓民正音에 欲初聲 挹初聲 穰初聲과 業初聲의 別이 有ᄒᆞ고 訓蒙字會에 伊ㅇ 而ㅿ와 異ㆁ의 別이 有호ᄃᆡ 初雖稍異나 大體 相似ᄒᆞᆷ으로 前三字를 滅除不用ᄒᆞ니라

中聲中 ·字의 發音은 訓民正音에 如呑字中聲이라 ᄒᆞ고 訓蒙字會에 思不用初聲이라 ᄒᆞ얏으니 其音이 ㅡ字와 近似호ᄃᆡ 國語音으로는 成音키 難ᄒᆞ거늘 今俗에는 訛誤ᄒᆞ야 ㅏ字 發音과 混疊ᄒᆞ니라

初聲 諸字는 發音의 作用되는[12] 部門으로 牙舌脣齒喉半舌半齒의 七音을 區別ᄒᆞ얏더니 後來에 舌音의 橫畫長字는 舌頭音이라 ᄒᆞ고 縱畫長字는 舌上音이라 ᄒᆞ며 齒音의 左戾長字는 齒頭音이라 ᄒᆞ고 右戾長字는 正齒音이 라 ᄒᆞ얏으나 諸字가 行用됨이 無ᄒᆞᆷ으로 空論에 止ᄒᆞ고 ㅿ字

는 元來 半齒音이더니 後世에 半喉音으로 變稱ᄒᆞᆷ이 有ᄒᆞ니라

又 平上去入 四聲의 別이 有ᄒᆞ야 字의 左傍에 点의 有無多少로 準[13] ᄒᆞ얏으나 國語音에는 如此ᄒᆞᆫ 細別이 無ᄒᆞ고 但[14] 高低二音으로 票ᄒᆞ니 低音 卽 平聲은 無点이오 高音 卽 上去聲은 一点을 左加ᄒᆞ얏고 挽近ᄒᆞ야는 書寫上에 不便ᄒᆞᆷ을 因ᄒᆞ야 廢止ᄒᆞ니라

音에 又[15] 全次淸濁의 別이 有ᄒᆞ니 此는 其音韻의 輕重深淺을 分ᄒᆞ얏으나 訓民正音에는 定例가 無ᄒᆞ고 且後 慣用上에도 此에 注意ᄒᆞ는 者가 別無ᄒᆞ니라

上述ᄒᆞᆫ바 字體及發音의 沿革은 或 國語音에 無ᄒᆞᆷ을 因ᄒᆞ며 或 發音의 相似ᄒᆞᆷ을 因ᄒᆞ며 或 書寫上에 便宜ᄒᆞᆷ을 因ᄒᆞ며 或 成音에 難ᄒᆞᆷ을 因ᄒᆞ야 或 滅除 或 廢止 或 混疊에 至ᄒᆞ니라

二 初聲中 ㆁ ㆆ ㅿ ◇ ㅱ ㅸ ㆄ ㅹ 八字의 復用 當否

本題에 對ᄒᆞ야 復用이 不當ᄒᆞ다 ᄒᆞᆷ은 各委員의 意見이 一致ᄒᆞᆷ[16]

ㆁ ㆆ ㅿ 三字中 ㆁ는 現用ᄒᆞ는 者이오 ㆁ字가 見廢ᄒᆞᆫ 者이니 玆에 ㆁㆆㅿ로 訂正ᄒᆞ야 復用當否를 論ᄒᆞ노라

ㆁㆆㅿ 三字는 前題에 論述ᄒᆞᆷ과 如히 其音이 ㆁ와 相混ᄒᆞ야 自然 滅除되고 ㆁ 一字로만 通用ᄒᆞ는 慣例가 成ᄒᆞᆯ뿐 不是라 國語音에 必要가 無ᄒᆞ니 復用ᄒᆞᆷ이 不當ᄒᆞ고

◇字는 卽 脣輕音 ㅱ字의 變體니 其本字 ㅱ가 旣有ᄒᆞᆫ즉 此의 復用當否는 下述에 讓ᄒᆞ노라

ㅱ ㅸ ㆄ ㅹ 四字는 脣輕音理에는 適當ᄒᆞ나 國語音에는 無ᄒᆞ니 復用ᄒᆞᆷ이 不當ᄒᆞ도다

已上 諸字는 今에 復用은 不當ᄒᆞ나 備考로 存留ᄒᆞ야 先聖의 國文 刱造ᄒᆞ신 精義를 欽惟ᄒᆞ고 後學의 文學研究ᄒᆞᄂᆞᆫ 材料에 供케 ᄒᆞᆷ이 可ᄒᆞᆯ지라

三 初聲의 ㄲ ㄸ ㅃ ㅆ ㅉ ㆅ 六字 并書의 書法 一定

李周宋 三委員[17]은 同字 并書로 一定ᄒᆞ자 ᄒᆞ고 權池 兩委員은 左附ㅅ字 ᄒᆞ자 ᄒᆞ고 魚委員은 同字異字의 并書例가 俱有ᄒᆞ고 發音이 亦同ᄒᆞ니 任便 使用이 無妨ᄒᆞ다 ᄒᆞᆷ

此六字의 同字 并書는 訓民正音에 其發聲의 例ᄭᆞ지 特揭ᄒᆞ셧은즉 實로 制字의 本義오 音理의 原則이어늘 初聲合用則幷書例와 如히 或ㅂ字를 左加ᄒᆞ며 或 ㅅ字를 左加ᄒᆞ야 俗語에[18] 된시옷이라 稱ᄒᆞ야 行用ᄒᆞ니 此는 幷히 音理에 不當ᄒᆞᆷ으로 訓民正音을 遵ᄒᆞ야 同字의 并書로 一定ᄒᆞᆷ이 可ᄒᆞ도다

但 ㆅ字는 國語音에 ㅎ字로만 用ᄒᆞ야도 不可ᄒᆞᆷ이 無ᄒᆞ니 此字는 復用ᄒᆞᆷ이 不當ᄒᆞ니라.

四 中聲中 ㆍ字 廢止 ᆖ字 刱製[19]의 當否

本題는 池委員의 主案인바 李委員敏應이 贊同ᄒᆞ고 李宋 兩委員은 兩者가 俱 不當이라 ᄒᆞ고 魚權周 三委員은 刱ᆖ字[20]는 不當호ᄃᆡ 廢ㆍ字[21]는 便當ᄒᆞ다 ᄒᆞᆷ[22]

ᆖ字는 ㆍ字 本音이[23] ㅣ可ㅡ의 發音과 如ᄒᆞᆫᄃᆡ[24] ㅏ字疊音으로 行用됨이 訛誤오 更히 ㅡ字의 拗音이 ㅣ加ㅡ의 發音이 될지라 ᄒᆞ야[25] ㆍ를 廢ᄒᆞ고[26] ᆖ를 刱[27]ᄒᆞ얏으나 ㆍ의 本音이 ㅣ加ㅡ와 同ᄒᆞᆷ도 明證이 無

ᄒᆞ고 假使 同ᄒᆞ다[28] ᄒᆞᆯ지라도 ㅣ加ㅡ의 合中聲으로 天然 作字[29] 例가 自在ᄒᆞ며 且 ㅡ字는 ㅣ字와 如히 拗音을 不能成ᄒᆞ고 一步를 更進ᄒᆞ야 研究ᄒᆞ면 ㅣ字가 卽 ㅡ字의 拗音도 된다 ᄒᆞᆯ지니[30] ᆖ字는 刱製ᄒᆞᆷ이 不當ᄒᆞ며 ・字는 ㅏ音과 混疊ᄒᆞ얏으나 製字ᄒᆞ신 本義과 行用ᄒᆞ든 慣例로도 廢止ᄒᆞᆷ이 不當ᄒᆞᆯ뿐 不是라 法令公文에 一切 慣用ᄒᆞ고 一般人民이 信手 輒書ᄒᆞ니 實除[31]로도 廢止ᄒᆞᆷ이 不可能ᄒᆞ니 其用法만 區別ᄒᆞ야 一定ᄒᆞᆯ지오 廢止ᄒᆞᆷ은 不當ᄒᆞ도다

五 終聲의 ㄷㅅ 二字 用法 及 ㅈ ㅊ ㅋ ㅌ ㅍ ㅎ 六字도 終聲에 通用 當否

ㄷ字도 近俗에는 下六字와 同히 終聲에 不用인바 魚權周 三委員[32]은 通用이 爲當ᄒᆞ다 ᄒᆞ고 李委員은 常用 活用 備考 三種에 分ᄒᆞ야 此七字는 活用에 屬ᄒᆞ고 宋委員은 隨機 應用ᄒᆞ자 ᄒᆞ고 李委員敏應은 幷히 備考로 存留ᄒᆞ자 ᄒᆞ고 池委員은 必要가 無ᄒᆞ니 留案ᄒᆞ자 ᄒᆞᆷ

訓民正音에는 初聲諸字를 幷히 終聲에 復用ᄒᆞ던[33] 것인데 訓蒙字會에 ㄱ ㄴ ㄷ ㄹ ㅁ ㅂ ㅅ ㅇ 八字만 初終聲에 通用ᄒᆞ고 其餘 諸字는 初聲獨用으로 區別ᄒᆞ얏으니 此를 推想컨ᄃᆡ 梵文의 八終聲例를 倣ᄒᆞᆫ 듯ᄒᆞ나 訓民正音 例義와 國語音에[34] 違反ᄒᆞ얏으니 此는 極大ᄒᆞᆫ 謬誤로다 或은 現行ᄒᆞ는 八字中 ㄷ字도 不用ᄒᆞ고 七字만 用ᄒᆞ야도 不成ᄒᆞᆯ 語가 無ᄒᆞ고[35] 無音不發[36]이라 ᄒᆞ나 言語를 記ᄒᆞᆷ에 不規則과 事物를 名ᄒᆞᆷ에 無定義가 滋甚ᄒᆞ야 文學의 滅裂을 枚述키 不遑ᄒᆞ니 初聲諸字를 原則에 依ᄒᆞ야 斷然 通用ᄒᆞᆷ이 正當ᄒᆞ도다

六 字母의 七音과 淸濁의 區別 如何

本題에 對ᄒᆞᆫ 各委員의 意見은 大槪 一致홈

訓民正音에 初聲諸字를 其發音의 作用되는 部門으로 牙舌脣齒喉半舌半齒의 七音을 區別ᄒᆞ얏으나 半齒音 ㅿ字는 現에 見廢ᄒᆞ고 半舌音 ㄹ字는 如此히 細別홀 必要가 無ᄒᆞ니 舌音에 移屬ᄒᆞ야 純然ᄒᆞᆫ 牙舌脣齒喉의[37] 五音으로만 區別홈이 可ᄒᆞ며 又 發音의 輕重淺深으로 全次淸濁의 別이 有ᄒᆞ나 此를 變通ᄒᆞ야 淸音激音濁音의 三種으로만 定홈이 可ᄒᆞ도다

	牙音	舌音	脣音	齒音	喉音
淸音	ㅇ ㄱ	ㄴ ㄷ ㄹ	ㅁ ㅂ	ㅅ ㅈ	ㅎ
激音	ㅋ	ㅌ	ㅍ	ㅊ	
濁音	ㄲ	ㄸ	ㅃ	ㅆ ㅉ	

七 四聲票의 用否 及 國語音의 高低法

本題에 對ᄒᆞᆫ 各委員의 意見은 差異가 有ᄒᆞ나[38] 玆에 畧홈

平上去入의 四聲은 國語音의[39] 必要가 無ᄒᆞ니 不用홈이 可ᄒᆞ고 高低 卽 長短音의 二種으로만 定ᄒᆞ야 短音은 無点이오 長音은 字의 左肩에 一点을 加ᄒᆞ야 票홈이 可ᄒᆞ도다

八 字母의 音讀 一定

本題에 對ᄒᆞᆫ 各委員의 意見도 差異가 有ᄒᆞ나[40] 玆에 畧흠

字母의 音讀은 訓蒙字會에 始著ᄒᆞᆫ바 其後 諸書에 字會와 音讀을 一遵ᄒᆞᆫ지라 現行 字母만 擧ᄒᆞ야 音讀을 左와 如히 定ᄒᆞ노라

ㆁ이응 ㄱ기윽 ㄴ니은 ㄷ디읃 ㄹ리을 ㅁ미음 ㅂ비읍 ㅅ시읏 ㅈ지읒 ㅎ히읗 ㅋ키읔 ㅌ티읕[41] ㅍ피읖 ㅊ치읓
ㅏ 아 ㅑ 야 ㅓ 여 ㅗ 오 ㅛ 요 ㅜ 우 ㅠ 유 ㅡ 으 ㅣ 이 ㆍ ᄋᆞ

九 字順行順의 一定

本題에 對ᄒᆞᆫ 各委員의 意見도 互相 差異흠이 有ᄒᆞ나 玆에 畧흠

字順은 訓民正音 以後 諸書에 初聲은 互相 不同ᄒᆞ나 牙舌脣齒喉 五音과 淸激 二音의 區別 如左히 一定ᄒᆞ고 中聲은 字會를 從ᄒᆞ노라

ㆁ ㄱ ㄴ ㄷ ㄹ ㅁ ㅂ ㅅ ㅈ ㅎ ㅋ ㅌ ㅍ ㅊ 以上 初聲
ㅏ ㅑ ㅓ ㅕ ㅗ ㅛ ㅜ ㅠ ㅡ ㅣ ㆍ 以上 中聲

行順은 中聲으로 爲綱ᄒᆞ고 初聲의 字順ᄃᆡ로 排行ᄒᆞ야 如左히 一定흠이 可ᄒᆞ도다

아야어여오요우유으이ᄋᆞ

가갸거겨고교구규그기ᄀᆞ

以下 倣此

十 綴字法

本題에 對ᄒᆞ야는 各委員이 異見이 無ᄒᆞᆷ

綴字法은 訓民正音 例義ᄃᆡ로 仍舊 綴用ᄒᆞᆷ이 可ᄒᆞ니라[42)]

---

1) cf. 筆寫本에는 '結果'인데 등사본에서는 '理由'로 바뀌었음.

2) 필사본에는 '有無를'로 되어 있음.

3) 필사본에는 '政令事爲'라 되어 있음.

4) 필사본에는 없던 '강조점'이 등사본에는 나타나고 있다. 이하 강조점 표시는 모두 필사본에는 없던 것임.

5) 필사본에는 '胚胎라 ᄒᆞᆫ깃고'인데, 여기서는 '胚胎가 되고'라 했다가 '가되'에 선을 그어 지우고 그 오른쪽에 '라ᄒᆞᆫ깃'을 가필해 놓았음.

6) 필사본에는 '由來'로 되어 있음. 여기서는 '現在'의 오른편에 '由來'를 가필해 놓았음.

7) 'ㅇ ㆆ ㅿ ㅈ ㅊ ㅋ ㅌ ㅍ ㅎ 九字'를 선을 그어 지우고, 오른편 옆에 '?餘'를 가필해 놓았다.

8) 필사본에는 '分ᄒᆞ얏으니'로 되어 있음.

9) 필사본에 있는 '後來에'가 여기서는 오른편에 가필되어 있다.

10) 필사본에는 '副韻 卽 拗音'으로 되어 있는데, 여기서는 '副韻'이라만 했다가 '卽 拗音'을 오른편에 가필해 놓았다.

11) 필사본에는 'ᄒᆞᄃᆡ'로 되어 있음.

12) 필사본에는 '되은'으로 되어 있음.

13) 필사본에는 '准'으로 되어 있음.
14) "으나 國語音에는 如此훈 細別이 無후고 但"은 원래 쓰여 있던 것을 지우고 오른편에 가필해 놓은 것임. 원래 쓰여 있던 것이 무엇인지 알기 힘들게 지워 놓았음.
15) '又'는 오른편에 가필된 것임.
16) 필사본에는 '홈'이라 되어 있음.
17) 필사본은 '李周宋 三委員'이라 썼다가 '三'을 지우고 오른편에 '尹四'를 가필함으로써, 전체적으로 '李周宋尹 四委員'이라 바뀐 결과가 되었다.
18) '俗語에' 부분은 오른편에 가필되어 있는 부분이다.
19) '二字 刱製·字 廢止'의 순서로 썼다가 바꿈표를 통해 '二字 刱製'와 '·字 廢止'를 바꿔놓음으로써 '·字 廢止 二字 刱製'의 순서가 되게 하였다.
20) 필사본에는 '字'가 없음.
21) 필사본에는 '字'가 없음.
22) '홈'이라 썼다가 지우고 '홈'이라 수정해 놓았다.
23) "二字는 ·字 本音이"는 필사본에서 "·字는 其 本音이"로 바뀌어 있다.
24) "ㅣ可一의 發音과 如훈디"는 필사본에서 "ㅣ可一의 字와 如훈디 今에"로 바뀌어 있다.
25) "一字의 拗音이 ㅣ加一의 發音이 될지라 후야"는 필사본에서 "一字의 拗音 卽 ㅣ加一의 音과 如홈으로"으로 바뀌어 있다.
26) 필사본에 있는 '其 代에' 여기서는 빠져 있음.
27) 필사본에는 '刱'을 '刱製'라 하였음.
28) "假使 同후다"는 필사본에서 "且 二字의 音이 必要후다"로 바뀌어 있음.
29) '作字'는 필사본에서 '作字의'로 바뀌어 있음.
30) "且 一字는 ㅣ字와 如히 拗音을 不能成후고 一步를 更進후야 硏究후면 ㅣ字가 卽 一字의 拗音도 된다 홀지니"는 필사본에서 통째로 빠져 있다. 이에 따라 바로 앞 부분의 '自在후며'는 '自在훈즉'으로 바뀌어 있다.
31) 필사본에도 '實除'라 했다가 '除'에 선을 긋고 그 오른편에 '際'를 가필하고 있음.
32) 魚權周尹 四委員
33) '든'이라 했다가 '던'이라고 고쳐 놓았다. 필사본에는 고침이 없이 '던'으로 되어 있다.
34) '와 國語音에'를 오른편에 가필하여 첨가함으로써 '例義에'가 '例義와 國語音에'로 바뀌었다.

35) '無語不成'을 선을 그어 지우고 '不成홀 語가 無'로 오른편에 가필하였다.
36) '無音不發'을 선을 그어 지어 놓고 가필 정정했는데, 가필 부분이 흐릿해서 알 수가 없다. 필사본에는 '不發홀 音이 無ᄒᆞ다'이므로, 이와 비슷하게 가필되었을 것이다.
37) 필사본에는 조사 '의'가 빠져 있다.
38) 이 부분에 '不必詳載홈'이라 되어 있는 것을 선을 그어 지워 버렸음.
39) 조사 '의'가 필사본에는 '에'로 바뀌어 있다.
40) 이 부분에 '不必詳錄홈'이라 되어 있는 것을 선을 그어 지워 버렸음.
41) 필사본에는 '키을'이라 되어 있다.
42) 필사본에는 '可ᄒᆞ도다'로 바뀌어 있다.

현대어역-전문

국문연구의정안

예언

1. 본안은 각 위원의 연구한 10 문제에 대하여 일치하게 의정한바, 그 결과를 통괄적으로 간명히 기재함.
1. 본안의 매 문제 아래에 각 위원의 연구한 의견의 요점을 간단히 추려서 한 행에 두 줄로 주를 달아, 각 위원의 연구한 바의 같고 다름을 참고하여 살펴보게 함.
1. 각 위원의 상세한 의견을 하나씩 쭉 살펴보게 하기 위하여 각각 해당하는 연구안을 따로 첨부함.

국문연구의정안

1. 국문의 연원(淵源)과 자체(字體) 및 발음의 연혁

본제에 대한 각 위원의 연구안을 사열한즉 연원은 대개 일치하고 자체(字體)와 발음은 대동소이함.

연원

우리나라를 건국하신 단군시대에는 문헌이 없어서 문자의 유무를 자세히 검토하여 증거로 삼을 도리가 없고, 기자 시대에는 기자가 중국인으로서 우리나라에 왕으로 오시니 한문이 뒤따라 들어와 정책과 법령, 사물과 하는 일에 자연히 수용(需用)한지라, 이로 인하여 말과 글이 두 가지 모양이고, 또 한문이 국어에 섞여 사용된 것이 많았다.

삼한시대를 지나서 삼국시대에 이르러서는 신라의 향가가 한자의 소리[음(音)], 또는 뜻[훈(訓)]을 취하여 가곡을 기재하고, 신라통일시대에는 설총(薛聰)이 또 한자를 임시로 빌려서 이두를 만들어 정부나 관청과 민간에서 적절하게 사용하였다. 대개 기자 이후로 정책과 법령, 사물과 하는 일에 한문만을 순전히 사용하여 일반 국민이 보통 행용에 막히고 껄끄러운 폐단이 있더니, 신라의 향가와 설총의 이두가 한자를 비로소 빌려와서 소리부호처럼 대신 사용하였으나 오히려 또 질삽무계의 탄식을 면치 못하였지만, 비록 사정이 그러하나 이것이 족히 국문을 만들어 지어낼 사상의 싹을 돋아나게 한 것이라 하겠고, 고려시대에는 충선왕의 왕비인 원나라 공주가 친정 국가인 원나라와 오가는 글에서 위구르문자를 많이 사용하였다. 위구르는 곧 옛 회골이니 원나라의 영토 안에 있었는데, 그 문자의 형편이나 정도는 알 수 없지만, 일반 국민에게는 영향이 없었다.

본 조선조에 이르러서 세종대왕께옵서 즉위 25년인 1443년 계해년(개국 이후 53년이고, 융희 원년 이전 464년)에 국문 28자를 새로이 만드시고, 정인지, 신숙주, 성삼문, 최항 등에게 명하시어 해석을 상세히 덧붙여 책 한 권을 짓게 하고 이를 《훈민정음》이라 명명하시고 3년이

지난 1446년 병인년에 민간에 반포하시었다. 옛날에 민간에서 사용하던 문자가 있다고 하나, 그 옛날이 언제인지 알 수 없고, 그 문자가 어떤 모양인지 전해지지 않되, 신경준이 말하기를 "그 수가 갖추어지지 않고(완비되지 않고), 그 형체에 법식이 없어서, 한 지역의 말을 형용하고 한 지역에서 쓰이기에는 부족함이 있다."라고 했으니, 이를 살펴보면, 불완전하여 문자로 간주할 수 없었음을 미루어 짐작할 수 있겠도다.

자체

자체는 상형(象形), 곧 형상을 본뜬 것이니 옛날의 전자체(篆字體)를 본떠서 만든 것인지라, 새로이 만든 그 때와 유래되어 온 행용 서법으로 세 가지 글자체를 나눌 수 있으니, 모나고 둥글고 바르고 굽은 형태와 고르고 둥글고 평평하고 바른 획이 정체(正體)이고, 한자 해서(楷書)의 모양과 같이 쓰는 것이 속체(俗體)이고, 민첩하고 빠르게 붓을 휘둘러서 끊김이 없이 이어쓴 형태가 초체(草體)라 할 것이니라.

초성자 가운데 'ㅇ', 'ㆆ', 'ㅿ' 세 글자는 그 소리가 'ㆁ'자와 서로 혼동되어 구별되지 않으므로 나중에 소멸되어 사용되지 않았다.

동자병서(同字幷書), 곧 같은 글자를 병서한 6자 가운데 'ㄲ', 'ㄸ', 'ㅃ', 'ㅆ', 'ㅉ' 5자는 후래에 초성합용즉병서(初聲合用則幷書), 곧 초성을 합용하여 병서한 예로 'ㅲ', 'ㅳ', 'ㅄ', 'ㅶ'으로도 사용하고 'ㅺ', 'ㅼ', 'ㅽ', 'ㅾ'으로도 사용하며 'ㆅ'자는 'ㅎ'자와 서로 혼동되므로 초기에 사용하다가 나중에 없어졌다.

순경음 4자는 한자 자모의 음을 대조하기 위함이고, 국어의 소리에는 없으므로 잠시 사용되다가 없어졌다.

종성은 초성을 다시 사용한 예가 있으므로 초성 17자를 함께 종성에 두루 사용하더니 후래에 'ㄱ, ㄴ, ㄷ, ㄹ, ㅁ, ㅂ, ㅅ, ㆁ' 여덟 자만 초성과 종성에 두루 사용하고 그 나머지는 초성에만 홀로 사용하며, 그 두루 사용한 문자 가운데에서도 'ㄷ'자는 'ㆁ' 초성의 앞에서 사용된 것을 제외하고는 'ㅅ'자와 발음이 비슷하기로 근래에는 'ㅅ'자로만 사용되고 있다.

훈민정음에 설음과 치음의 여러 문자들이 모두 다 한 모양이고 구별이 본래 없더니 후래에 설음은 세로획이 긴 종획장과 가로획이 긴 횡획장의 두 글자체로 나누고, 치음은 왼편을 길게 뻗은 좌려장과 오른편을 길게 뻗은 우려장의 두 글자체로 나누었으나, 근래 행용에는 이런 구별이 없다. 후래에 순경음(脣輕音) ㅱ자의 변체로 '◇'자를 새로이 만들었으나, 역시 행용됨이 없느니라.

중성자 중 '•'자의 부운, 즉 요음으로 후래에 '•'자를 병서한 '‥'자를 더 만들었으나 역시 행용됨이 없다.

발음

자모는 초성, 중성, 종성의 세 종류가 있는바, 그 발음은 훈민정음에 한자의 음을 잘라내어 이런 저런 한자의 초성 혹은 중성과 같다 하셨더니, 《훈몽자회》에 ㄱ을 '기역(其役)', ㅏ를 '아(阿)' 등으로 이름을 불러 이와 관련된 모든 일이 지키고 받들어 어기지 아니하고, 《국문자모분해》에 다시 ㄱ을 '그윽'이라 고쳐 일컫되 행용됨이 없고 중성은 고쳐 일컬음이 없느니라.

초성 가운데 ㅇ, ㆆ, ㅿ 와 ㆁ는 《훈민정음》에 욕초성(欲初聲), 읍초성(挹初聲), 양초성(穰初聲)과 업초성(業初聲)의 구별이 있었고, 《훈몽자회》에 '이(伊) ㅇ', 'ᅀᅵ(而) ㅿ'와 'ᅌᅵ(異) ㆁ'의 구별이 있었다. 비록 처음에는 조금씩 차이가 있었으나 대체로 서로 비슷하므로 앞의 세 글자를 없애고 사용하지 않았다.

중성 가운데 'ㆍ'자의 발음은 《훈민정음》에 '탄(呑)'자의 중성과 같다 하고, 《훈몽자회》에 "초성에 사용되지 않는 것으로 생각된다"(思不用初聲)라 하였으니 그 소리가 'ㅡ'자와 근사하되, 국어음으로는 소리를 이루기 어렵거늘 오늘날 습속에는 그릇되고 잘못되게 'ㅏ'자 발음과 혼첩되어 사용되느니라.

초성의 여러 글자들은 발음이 작용되는 부문으로 아음, 설음, 순음, 치음, 후음, 반설음, 반치음의 일곱 음을 구별하였더니, 후래에 설음의 가로획을 길게 뻗은 문자는 설두음이라 하고, 세로획을 길게 뻗은 문자는 설상음이라 하며, 치음의 왼편획을 길게 뻗은 문자는 치두음이라 하고, 오른편획을 길게 뻗은 문자는 정치음이라 하였으나, 이 글자들이 실제 사용됨이 없으므로, 공론에 그치고 'ㅿ'자는 원래 반치음이더니 후세에 반후음으로 이름을 바꾸었다.

또 평성, 상성, 거성, 입성의 사성의 구별이 있어서 글자의 왼쪽 곁에 점이 있고 없음, 많고 적음으로 정하였으나, 국어음에는 이와 같은 세세한 구별이 없고, 단지 고저의 두 음으로 나타내니, 저음 즉 평성은 점이 없고, 고음 즉 상성 및 거성은 점 하나를 왼편에 덧붙였으나, 최근에 이르러서는 글을 쓰기에 불편하므로 인하여 폐지하였다.

소리에 또 전청, 차청, 전탁, 차탁의 구별이 있으니, 이는 그 소리의 가볍고, 무겁고, 깊고, 얕은 것을 나눈 것이었으나, 《훈민정음》에는 정해진 예가 없고, 또 이후 실제 관용상에서도 이에 주의하는 자가 없었다.

상술한바 자체 및 발음의 연혁은 혹 국어음에 없음으로 인하여, 혹은 발음의 비슷함으로 인하여, 혹은 글을 쓰는 데 불편함으로 인하여, 혹은 소리내기에 어려움으로 인하여 혹은 없어지고 혹은 폐지되고 혹은 중첩되어 사용됨에 이르렀다.

2. 초성 중 'ㆁ, ㆆ, ㅿ, ◇, ㅱ, ㅸ, ㆄ, ㅹ' 여덟 문자를 다시 사용할지 여부

본제에 대하여 다시 사용함이 부당하다 함은 각 위원의 의견이 일치하였음.

'ㆁ, ㆆ, ㅿ' 세 글자 가운데 'ㆁ'은 현재 사용하는 것이고, 'ㅇ'자가 폐지된 것이니, 이에 'ㅇ, ㆆ, ㅿ'로 정정하여 다시 사용할지 여부를 논하노라.

'ㅇ, ㆆ, ㅿ' 세 글자는 앞의 논제에서 논술함과 같이 그 소리가 'ㆁ'과 서로 뒤섞여 자연히 없어지고, 'ㆁ' 한 글자로만 통용하는 관례가 있을 뿐 아니라, 국어음에 필요가 없으니 다시 사용함이 부당하고, '◇'자는 즉 순경음 'ㅱ'자의 변체이니 기본자 'ㅱ'이 이미 있으므로, 이를 다시 사용할지 여부는 아래 기술에서 다루기로 하겠다.

'ㅱ, ㅸ, ㆄ, ㅹ' 네 글자는 순경음의 음리에는 적당하나, 국어음에는 없으니, 다시 사용함이 부당하도다.

이상 여러 글자들은 오늘날 다시 사용함이 부당하나, 비고로 남겨두어 옛성인의 국문 창조하신 정확한 의의를 공경하여 생각게 하고 후학의 문학을 연구하는 재료에 이바지하게 하는 것이 좋을 것이니라.

3. 초성의 된소리 표기를 'ㄲ, ㄸ, ㅃ, ㅆ, ㅉ, ㆅ' 6자로 정할지 여부

이민응, 주시경, 송기용, 윤돈구 네 위원은 동자병서 한 가지로 정하자고 하고, 권보상, 지석영 두 위원은 왼편에 'ㅅ'자를 덧붙이자 하고, 어윤적 위원은 동자병서와 이자병서의 예가 모두 존재하고, 발음이 또한 같으니, 편한 대로 사용해도 무방하다고 하였음.

이 여섯 글자의 동자병서는 훈민정음에 그 소리냄의 예까지 특별히 실으셨는바, 실로 글자 만듦의 본뜻이고, 음리의 원칙이거늘 초성합용 즉 병서의 예와 같이 혹 'ㅂ'자를 왼쪽에 덧붙이며, 혹 'ㅅ'자를 왼쪽에 덧붙여서 속어(俗語)에 된시옷이라 칭하여 행용하니, 이는 모두 소리의 이치에 맞지 아니하므로 훈민정음을 쫓아서 동자의 병서 하나로 정함이 옳을 것이다.

단 'ㆅ'자는 국어음에 'ㅎ'자로만 사용하여도 불가능함이 없으니, 이 글자는 다시 사용함이 부당하니라.

4. 중성 가운데 'ㆍ'자 폐지 및 'ᆖ'자 창제 여부

본제는 지석영 위원의 주안인 바 이민응 위원이 찬동하고 이능화, 송기용 두 위원은 'ㆍ'자 폐지나 'ᆖ' 창제 양자가 모두 부당하다 하고, 어윤적, 권보상, 주시경 세 위원은 'ᆖ' 문자를 창제하는 것은 부당하되, 'ㆍ'를 폐지하는 것은 당연하다고 함.

'ㆍ'자는 그 본디 소리가 'ㅡ'에 'ㅣ'를 더한 것과 같은데, 오늘날에 'ㅏ'자의 첩음으로 널리 사용되고 있는 것은 그릇되고 잘못된 것이고,

또한 'ㅡ'자의 요음, 곧 'ㅡ'에 'ㅣ'를 더한 소리와 같음으로 '·'를 폐지하고 그 대신에 'ᅟᅳᆖ'를 창제하였으나 '·'의 본음이 'ㅡ'에 'ㅣ'를 더함과 같다는 것도 명백하게 증명된 것이 없고, 또 'ᅟᅳᆖ'자의 음이 필요하다 할지라도 'ㅣ가 ㅡ'의 합중성(合中聲)으로 천연(天然) 작자(作字)의 예가 자재(自在)한즉, 'ᅟᅳᆖ'자는 창제함이 옳지 못하며, '·'자는 'ㅏ'음과 섞여 사용되고 있으나, 글자를 만드신 근본된 취지와 널리 사용되던 관례로 보아서도 폐지함이 부당할 뿐 아니라, 법령공문에 일체 관습적으로 사용되고 일반 인민이 손에 익어 쉽게 쓰고 있으니 실제로도 폐지하는 것이 불가능하니 그 용법만 구별하여 일정할 것이고, 폐지함은 옳지 못하도다.

5. 종성의 'ㄷ, ㅅ' 두 자의 용법 및 'ㅈ, ㅊ, ㅋ, ㅌ, ㅍ, ㅎ' 여섯 자도 종성에 통용할지 여부

'ㄷ'자도 근래에는 아래 여섯 자('ㅈ, ㅊ, ㅋ, ㅌ, ㅍ, ㅎ')와 같이 종성에 사용하고 있지 않은 바, 어윤적, 권보상, 주시경, 윤돈구 네 위원은 통용이 타당하다고 하고, 이능화 위원은 상용과 활용, 비고의 세 종류로 나누어 이 일곱 자는 활용에 속하고, 송기용 위원은 그때그때 기회에 따라 응용하자고 하고 이민응 위원은 함께 비고로 남겨두자 하고, 지석영 위원은 필요가 없으니 안건을 미루어 놓자고 함.

훈민정음에는 초성의 모든 글자를 함께 종성에 다시 사용했던 것인데, 훈몽자회에 'ㄱ, ㄴ, ㄷ, ㄹ, ㅁ, ㅂ, ㅅ, ㅇ' 여덟 자만 초성과 종성에 두루 사용하고, 그 나머지 여러 글자들은 초성에만 사용하는 것으로 구별하였으니, 이를 미루어 생각건대 범문(梵文)의 팔종성의 예를 모방한 듯하나, 훈민정음 예의와 국어음에 위반하였으니 이는 극대한 오류로다.

혹은 현재 사용하는 여덟 자 가운데 'ㄷ'자도 사용하지 않고, 일곱 자만 사용하여도 이루지 못할 말이 없고, 소리내지 못할 음이 없다고 하지만, 언어를 기록함에 불규칙과 사물을 이름지음에 무정의(無定義)가 더욱 심하여 문학의 멸렬(滅裂)을 낱낱이 들어 서술하기에 겨를이 없으니 초성의 모든 글자를 원칙에 의하여 단연코 (받침에) 두루 사용함이 정당하도다.

6. 자모의 칠음과 청탁의 구별 여하

본제에 대한 각 위원의 의견은 대개 일치함.

훈민정음에 초성 제자를 그 발음이 작용되는 부문으로 아음, 설음, 순음, 치음, 후음, 반설음, 반치음의 일곱 음을 구별하였으나, 반치음 'ㅿ'자는 오늘날 폐지되고, 반설음 'ㄹ'자는 이와 같이 자세히 구별할 필요가 없으니, 설음으로 소속을 옮겨서 순연한 아음, 설음, 순음, 치음, 후음의 다섯 음으로만 구별하는 것이 옳으며, 또 발음의 가볍고 무겁고 얕고 깊음으로써, 전차청탁 등의 구별이 있으나, 이를 융통성 있게 잘 처리하여, 청음, 격음, 탁음의 세 종류로만 정하는 것이 옳도다.

	아음	설음	순음	치음	후음
청음	ㆁ ㄱ	ㄴ ㄷ ㄹ	ㅁ ㅂ	ㅅ ㅈ	ㅎ
격음	ㅋ	ㅌ	ㅍ	ㅊ	
탁음	ㄲ	ㄸ	ㅃ	ㅆ ㅉ	

7. 사성표의 사용 여부 및 국어음의 고저법

본제에 대한 각 위원의 의견은 차이가 있으나 여기서는 생략함.

평상거입의 사성은 국어음에 필요가 없으니 사용하지 않는 것이 옳고, 고저 즉 장단음의 두 종류로만 정하여 단음은 점이 없고, 장음은 글자의 왼쪽어깨에 점 하나를 더하여 나타내는 것이 옳도다.

8. 자모의 음독 일정

본제에 대한 각 위원의 의견도 차이가 있으나 여기서는 생략함.

자모의 음독은 《훈몽자회》에 처음 나타난바, 그 후 여러 책에서 《훈몽자회》의 음독을 하나처럼 쫓는지라 현행 자모만 들어서, 음독을 아래와 같이 정하노라.

ㆁ 이응, ㄱ 기윽, ㄴ 니은, ㄷ 디읃, ㄹ 리을, ㅁ 미음, ㅂ 비읍, ㅅ 시읏, ㅈ 지읒, ㅎ 히읗, ㅋ 키읔, ㅌ 키읕, ㅍ 피읖, ㅊ 치읓
ㅏ 아, ㅑ 야, ㅓ 어, ㅕ 여, ㅗ 오, ㅛ 요, ㅜ 우, ㅠ 유, ㅡ 으, ㅣ 이, ㆍ ᄋᆞ

9. 자순 행순의 일정

본제에 대한 각 위원의 의견도 서로 차이가 있으나 여기서는 생략함.

자모의 순서는 《훈민정음》 이후 여러 책에서 초성은 서로 같지 않지만, 아음·설음·순음·치음·후음의 5음과 청음, 격음의 2음의 구

별로 아래와 같이 일정하고, 중성은 《훈몽자회》를 따르노라.

ㆁ ㄱ ㄴ ㄷ ㄹ ㅁ ㅂ ㅅ ㅈ ㅎ ㅋ ㅌ ㅍ ㅊ 이상 초성
ㅏ ㅑ ㅓ ㅕ ㅗ ㅛ ㅜ ㅠ ㅡ ㅣ ㆍ 이상 중성

행순은 중성으로 벼리를 삼고, 초성의 자순대로 행을 배열하여, 다음과 같이 일정함이 가하도다.

아 야 어 여 오 요 우 유 으 이 ᄋᆞ
가 갸 거 겨 고 교 구 규 그 기 ᄀᆞ

이하 이를 본뜸.

10. 철자법

본제에 대해서는 각 위원들 간에 다른 견해가 없음.

철자법은 《훈민정음》 예의대로 다름없이 철용하는 것이 온당하도다.

참고문헌

姜信沆(1983),《國語學史》, 普成文化社.

姜信沆(1987),《訓民正音硏究》, 成均館大學校出版部.

金敏洙(1963),〈新訂國文에 關한 硏究〉,《亞細亞硏究》6-1.

金敏洙(1973),《國語政策論》, 高大出版部.

金敏洙(1980),〈國文硏究所(油印), 國文硏究案에 대하여〉, 上《亞細亞硏究》23-1. 下.

金敏洙 編(1992),《周時經全書 2》, 塔出版社.

金敏洙·河東鎬·高永根 編(1977), 歷代韓國文法大系 第3部 第6冊 10, 塔出版社[해제: 김민수].

金允經(1954),《朝鮮文字及語學史》(初版 1938), 東國文化社.

朴炳采(1982),《日帝下의 國語運動 硏究》, 朝鮮圖書出版館.

申昌淳(1992),《國語正書法硏究》, 集文堂.

申昌淳 等 共著(1992),《國語表記法의 展開와 檢討》, 韓國精神文化硏究院.

申昌淳(2001),〈國文硏究所 '國文硏究議定案'의 檢討〉,《어문논집》(민족어문학회) 44.

安秉禧(1988),〈한글맞춤법의 歷史〉,《국어생활》13.

李光麟(1969),《韓國開化史硏究》, 一潮閣.

李光政(1990),〈李能和. "舊韓國時代의 國文硏究會를 回顧하면서" 譯註〉,《周時經學報》5.

李光鎬(1979),〈國文硏究所 '國文硏究議定案'에 대하여〉,《一山 金俊榮先生 華甲紀念論叢》.

李基文(1963),《國語表記法의 歷史的硏究》, 韓國文化硏究院.

李基文(1970),《開化期의 國文硏究》, 一潮閣.

李基文(1977), 〈十九世期末의 國文論에 대하여〉, 《語文論集》 19·20 合輯, 高麗大學校 國語國文學研究會.

李基文(1984), 〈開化期의 國文使用에 關한 研究〉, 《韓國文化》 5, 서울대 韓國文化研究所.

李能和(1929), 〈舊韓國時代의 國文研究會를 回顧하면서〉, 《新生》 2권 9호.

李秉根(1985), 〈朝鮮總督府編 '朝鮮語辭典'의 編纂目的과 그 經緯〉, 《眞檀學報》 59.

李秉根(1986), 〈開化期의 語文政策과 表記法問題〉, 《국어생활》 4. 국립국어연구소.

이응호(1975), 《개화기의 한글운동사》, 성청사.

이응호(1994), 〈갑오경장과 어문정책〉, 《새국어생활》 4-4.

李翊燮(1992), 《國語表記法研究》, 서울大學校出版部.

李熙昇(1959), 《한글맞춤법통일안 강의》, 新丘文化社.

이희승·안병희(1989), 《한글맞춤법강의》, 신구문화사.

池春洙(1971), 〈初期聖經에 나타난 正書法에 대하여〉, 《국어국문학》 54, 국어국문학회.

최현배(1942), 《한글갈》, 정음사.

小倉進平(1920), 《朝鮮語學史》, 東京 : 刀江書院.

찾아보기

ㅡ자 138
◇자 61, 81
ㆆ 54

㉠

가로쓰기 117
각자병서(各字竝書) 55, 84, 86, 87
거성 106
격음(激音) 101, 103, 105, 140
경순음(輕脣音) 57
고대문자설 121
관립한성법어학교(官立漢城法語學校) 29
국모자모분해 63
국문(國文) 25, 48
국문연구 12, 15
국문연구소 15
국문연구소규칙 19
국문연구안 15
국문연구의정안 11, 15
국문자모분해(國文字母分解) 66

㉢

단음 140
동문자모분해(東文字母分解) 66, 114
동자병서(同字幷書) 55, 84
된소리[重音(중음)] 84, 86
된시옷 84
두시언해(杜詩諺解) 73

㉤

만우재집(晩寓齋集) 62

㉥

반설음 102
반절(半切) 132
반절본문(半切本文) 132
반치음(半齒音) 73, 102
반후음(半喉音) 73
방점 75

범문(梵文) 97
범자기원설(梵字起源說) 122
병서 55, 87
보통학교용 언문철자법(普通學校用諺文綴字法) 12, 29, 99
본음(本音) 95, 97, 99
부운(副韻) 63
북한의 자모 명칭 111
불청불탁(不淸不濁) 76, 102, 103

㉦

사성(四聲) 74, 106
사성표 140
3자 합용 56
삼운성휘(三韻聲彙) 92, 114
상성 106
상형(象形) 52
설두음(舌頭音) 60, 72
설상음(舌上音) 60, 72
설음(舌音) 71, 101
성모(聲母) 57
성음법 118
속체(俗體) 51
순경음(脣輕音) 57, 81
순음 101
신경준(申景濬) 50
신정국문(新訂國文) 13, 17, 106, 141

㉧

아음 101
어윤적(魚允迪) 32, 115
언문(諺文) 25
언문지(諺文志) 63
예성(曳聲) 106, 141
오음(五音) 122
5음 체계 101
요음(拗音) 63
운모(韻母) 57
운해(韻解) 50, 60, 62, 71, 121
위구르문자 46, 120
윤치오(尹致旿) 28
음절 합자 규정 117
이능화(李能和) 29
이두(吏讀) 43, 119
이자병서 84
2자 합용 56
임시(臨時)의 음 95, 97, 99, 139

㉨

자모(字母) 57, 64
자모의 명칭 108
자모의 배열 순서 113
자순 142
장음 106, 140
장헌식(張憲植) 28

전차청탁(全次淸濁) 102
전청(全淸) 76, 102, 103
전탁(全濁) 56, 76, 86, 102, 103, 105
정체(正體) 51
정치음(正齒音) 61, 72
종성(終聲) 59
종성부용초성(終聲復用初聲) 59, 65, 95, 97, 98
주시경(周時經) 29, 115, 117
중성독용십일자(中聲獨用十一字) 66
중중성(重中聲) 92

ⓧ

차청(次淸) 76, 102, 103, 105
참호연구안 19, 36
철자법 117
청음(淸音) 101, 103, 140
청탁(淸濁) 123
초성(初聲) 54
초성독용(初聲獨用) 59
초성독용자 114
초성독용팔자(初聲獨用八字) 66, 113
초성종성통용팔자(初聲終聲通用八字) 66
초성합용즉병서(初聲合用則幷書) 55
초종성통용(初終聲通用) 59
초종성통용자 114
초종성통용팔자 113
초체(草體) 51
치두음(齒頭音) 61, 72
치음(齒音) 72, 102
칠음(七音) 123
7음 체계 101
칠종성법 94, 127

ⓔ

탁음(濁音) 84, 101, 103, 105, 140

ⓟ

팔종성가족용(八終聲可足用) 59
팔종성법 113, 127
평상거입(平上去入) 74
평정안(評訂案) 20, 36
풀어쓰기 117

ⓗ

한글날 49, 122
한글맞춤법통일안 99
한글 자모의 명칭 108, 129, 141
한글 자모의 순서 112, 128, 143
한자모(漢字母) 57
합용병서(合用竝書) 55, 86

합중성(合中聲) 92
행순(行順) 116, 142
향가(鄕歌) 42
현은(玄檃) 29
형태음소론적 표기 99
화동정음통석운고(華東正音通釋韻考) 61, 62, 71, 73, 81, 135
후음 102
훈몽자회(訓蒙字會) 30, 65, 114
훈민정음(訓民正音) 48, 121
훈민정음 창제일 122

지은이　한동완
제주 출생
서강대학교 국문학과 박사
강원대, 고려대, 숭실대, 연세대, 이화여대 강사
서강대학교 교수
현재 한국어문교육연구회 상임이사

감　수　박창원(이화여대 교수)

100대 한글 문화유산 8
국문연구의정안

초판 1쇄 발행　2006년 5월 20일

지은이　한동완
펴낸이　이재선
펴낸곳　신구문화사

출판등록　1968년 6월 10일
주소　서울시 종로구 청진동 229-1
전화　02-735-4461～5
팩스　02-732-4838
e-mail　kkk33@korea.com

ISBN 89-7668-126-6 93710
ISBN 89-7668-120-7(세트)

값 15,000원

*이 책은 문화관광부로부터 국고보조금을 지원 받은
'100대 한글 문화유산 정비 사업'의 결과물로 이루어졌습니다.